Franco, militar
Biografía breve

Roberto Muñoz Bolaños

MUÑOZ BOLAÑOS, Roberto *Franco, militar. Biografía breve,* Edición al cuidado de Germán Rueda, Ediciones 19, 2ª ed. Madrid, 2025, 226 pp. 16x16 cm.

Papel: ISBN 978-84-19159-37-3 EAN PAPEL: 9788419159373

Digital: ISBN 978-84-19159-38-0 EAN DIGITAL: 9788419159380

Depósito legal: M 5635-2025

Una vez superados los gastos de producción, los derechos de autor correspondientes a este libro serán donados a *Cáritas*.

Información: ediciones19@gmail.com

https://ediciones19.blogspot.com/p/novedades.html

VENTA EN PAPEL: Librerías en España. Además:

grupoediciones19.bajodemanda.com

Península Ibérica, Canarias y Baleares https://www.agapea.com/

Argentina *CUSPIDE http://www.cuspide.com/ *MANDRAKE mandrakelibros.com.ar *OZONUM Mercado Libre https://listado.mercadolibre.com.ar/

Brasil *O ATENEUM www.oateneum.com.br

Colombia *LEMOINE EDITORES www.librosyeditores.com *BIBLIOSTORE Mercado Libre https://listado.mercadolibre.com.co/ *LIBRERIA DE LA U www.libreriadelau.com

Chile *BIBLIOSTORE CHILE - Mercado Libre https://www.mercadolibre.cl/ *Voy a Leer www.voyaleer.cl / *WePrint

Ecuador *POWER STORE BOOKS www.powerstorebooks.com *THE BOOKS LINK www.thebookslink.com

Estados Unidos: *Ingram-US

Guatemala *SOPHOS

Méjico *BIBLIOSTORE México - Mercado Libre https://www.mercadolibre.com.mx/ *Librerías GANDHI www.gandhi.com.mx/ *Librerías GONWIL www.gonvill.com.mx

Perú *ALEPH IBD (Mercado Libre) https://listado.mercadolibre.com.pe/ *Librería SBS https://www.sbs.com.pe

Uruguay *MERCADOLIBROS (Mercado Libre) https://mercadolibros.uy/ *PALACIO DEL LIBRO S.A. www.libreriapocho.com.uy

DIGITAL: https://www.casadellibro.com/

¿Desde dónde se pueden comprar los eBooks?

España, Portugal, Austria, Alemania, Argentina, Bélgica, Chile, Chipre, Colombia, Eslovaquia, Eslovenia, Estonia, Finlandia, Francia (Guayana Francesa, Guadalupe, Martinica, Reunión, San Pedro, Miquelón, Wallis y Futuna.), Grecia, Irlanda, Italia, Luxemburgo, México, Mónaco, Países Bajos, Polinesia Francesa, Reino Unido, Suiza.

ADEMÁS https://vivlio.casadellibro.com/

Argentina, Chile, Colombia, España, Francia, México y Reino Unido

Franco, militar
Biografía breve

A mi madre.
A mis hermanos Fernando, Virginia y Mónica.
A mis sobrinos María y Fernando.
A mis cuñados Fran y Lalo.
A la memoria de mi padre y mi tío Angelín.
A mis maestros: Álvaro Soto Carmona, Fernando Puell de la Villa y Antonio Hermosa.
Al maestro de maestros Stanley G. Payne.

AGRADECIMIENTOS

Este libro hubiera sido imposible sin el apoyo de mi viejo amigo y maestro Fernando Puell de la Villa y del eminente historiador Germán Rueda, editor de Ediciones 19, que, desde el primer momento mostró un gran interés por mí obra y decidió publicarla. A los dos, muchas gracias. Este agradecimiento lo hago extensivo a Ediciones 19 por el magnífico diseño del libro. También debo citar a Geoffrey Jensen, por tomarse la molestia de leer y corregir el manuscrito, haciéndolo mejor. Muchas gracias, Geoff.

También debo citar a Geoffrey Jensen, por tomarse la molestia de leer y corregir el manuscrito, haciéndolo mejor. Muchas gracias, Geoff.

Igualmente, y como hago en todas mis obras, no puedo olvidar a mi mentor Álvaro Soto Carmona, que tanto me ha enseñado a lo largo de mi vida; a Fernando del Rey, por lo mucho que me ha ilustrado sobre historia y como escribirla en los últimos tiempos, y al *magister doctorum* Stanley G. Payne por la lectura que hizo de mi libro y sus elogiosas palabras sobre su contenido.

Mención aparte merece mi amigo Antonio Hermosa Andujar, catedrático de Filosofía de la Universidad de Sevilla, del que nunca dejo de aprender.

Igualmente debo recordar a mis amigos de *Magister* -Eduardo, Dragan, Ana Rosa, Raúl, Carmen, Manuela, Elenita, José Antonio…- todos. Fue el primero el que hace más de 25 años me dio su confianza para impartir docencia en ese centro, y desde entonces sigo allí. Sin *Magister* jamás hubiera podido desarrollar mi labor investigadora, y sin Dragan, Raúl y José Antonio, por su ayuda en el campo de la informática, tampoco habría redactado este libro. Muchas gracias a todos los miembros de mi querida institución.

Mi agradecimiento también se hace extensivo a las universidades Camilo José Cela, del Atlántico Medio, Francisco de Vitoria y Nebrija, centros académicos donde ejerzo la docencia.

Tampoco puedo olvidar a mis compañeros de la Asociación Española de Historia Militar (ASEHISMI) -de la que soy socio fundador-, de la Asociación de Historiadores del Presente (AHP), de la Asociación de Historia Actual (AHA) y de la Asociación de Historia Contemporánea (AHC).

Por último, tengo que hacer mención a las personas que más han influido en mi vida. En primer lugar, los miembros de mi familia, tanto los que no están -mi padre y mi tío Angelín-, como los que están: mi madre, mis hermanos Fernando, Virginia y Mónica, y… ¡como no! mis sobrinos María y Fernando. E igualmente, mis amigos de la infancia: Álvaro, Carlos, Chus, Fernando, Ignacio, Javi, Juanjo, Marta, Natalia, Nuria, Oscar, Raquel y Susana. Todos ellos son también autores de este libro porque sin su aliento nunca hubiera podido desarrollar mi carrera académica.

ÍNDICE

INTRODUCCIÓN

El comandante Francisco Franco. Luce
la Medalla Militar Individual (1922).

En un artículo reciente, estimable en muchos aspectos, sus autores, Miguel Alonso Ibarra y Luis A. Ruiz Casero, no dudaban en afirmar: "las capacidades de Franco como estratega dejaban mucho que desear". Esta afirmación se ha convertido en un lugar común, especialmente entre cierta historiografía moderna. Por el contrario, sus hagiógrafos, desde Manuel Aznar hasta Ricardo de la Cierta, o los generales Rafael Casas de la Vega o Salvador Fontela Ballesta lo han presentado como el perfecto general. Solo en el seno de la historiografía anglosajona, historiadores como Anthony Beevor, Geoff Jensen o Lisa Lines han tratado de analizar objetivamente su figura. No obstante, y más allá de comparaciones y calificaciones, para juzgar al Generalísimo rebelde como militar se hace preciso partir de las cuatro capacidades que definen esta profesión:

- Táctica: capacidad para disponer las unidades en el campo de batalla o cerca de él para alcanzar el triunfo en un combate puntual. Por tanto, sería el "Arte de la Batalla"
- Estrategia: capacidad para alcanzar el objetivo político que se persigue a partir de la utilización de los recursos militares de los que se dispone, empleándolos de la forma más eficiente. La estrategia es, por tanto, el "Arte de la Guerra".
- Arte operacional: concepto que tiene su origen en la obra del general

suizo Antoine-Henri Jomini y en el pensamiento del mariscal prusiano Helmuth von Moltke, que utilizó el término de *Kriegskunst* (Arte de la Guerra). Entre los militares españoles fue el general Ricardo Burguete y Lana quien mejor entendió este concepto. No obstante, fue la Escuela Militar Soviética, concretamente el general Vladimir Triandafillov, quien lo definió como la capacidad para planear y coordinar las operaciones de grandes formaciones dentro del contexto de una campaña. Por tanto, se sitúa en un punto intermedio entre la táctica y la estrategia, y puede definirse como el "Arte de la Campaña".

- Liderazgo: conjunto de habilidades y destrezas que permiten a un militar dirigir y motivar a sus subordinados para que cumplan las misiones asignadas, y mantener elevada la moral de sus tropas.

Por último, debemos citar otro concepto de notable importancia: doctrina militar, que puede definirse como la expresión formalizada del conocimiento y pensamiento que un ejército acepta como vigente en un momento determinado. Aborda la naturaleza de los conflictos que pueden librarse y la preparación de la fuerza armada para combatir con éxito en los mismos.

Muy pocos miliares a lo largo de la historia han sobresalido en táctica, estrategia, arte operacional y liderazgo. La única excepción fue el más grande general de la historia, Subotai, jefe de los ejércitos de Gengis Khan y Ogodei Khan que, en la primera mitad del siglo XIII, dirigió 20 campañas y venció en 65 batallas, conquistando un territorio que se extendía desde el mar del Japón hasta Hungría. Su forma de hacer la guerra fue profundamente estudiada por los generales George Patton y Erwin Rommel, y los mariscales soviéticos que desarrollaron la Doctrina de las Operaciones Profundas a partir de sus enseñanzas. Por el contrario, la mayor parte de los militares han tenido una o varias de estas capacidades, pero no todas. Así Rommel era un excelente táctico, pero su arte operacional y su visión estratégica no eran especialmente brillantes. Además, era un gran líder en la victoria y un pesimista en la derrota. ¿Y Franco?

Esta obra analiza su figura como militar, nunca como político ni dictador, y se ha elaborado a partir de las siguientes tesis:

1) Franco formó parte de una institución, la militar, que en la España de los primeros años del siglo XX no era una élite, ni por prestigio social, ni por formación de sus integrantes, ni por los medios de los que disponía. Por el contrario, era una simple agencia de empleo para los vástagos de las clases medias bajas de provincias, que les permitía asegurarse una nómina vitalicia.

2) En la academia de Infantería de Toledo no recibió una correcta educación para desarrollar su profesión, ya que los conocimientos teóricos tenían un peso mucho mayor que los prácticos. Esta era una característica común en los Ejércitos de Occidente, salvo tal vez el alemán.

3) En Marruecos fue un militar atípico porque ascendió rápidamente al generalato por méritos de guerra a la edad de 33 años. Por un lado, esta fulgurante carrera le impidió adquirir las capacidades y experiencias propias de cada empleo militar. Por otro, le convirtió en un líder de

hombres y un buen táctico al frente de pequeñas unidades de no más de 3.000 soldados. El resultado fundamental de esta doble dinámica fue el convencimiento de que las tácticas *africanistas* eran las únicas eficientes y válidas para un militar español.

4) En la Academia General Militar de Zaragoza (AGM), donde actuó como director entre 1928 y 1931, quiso crear y enseñar una doctrina militar española basada en sus experiencias africanas y en una formación fundamentalmente práctica.

5) Durante el periodo republicano, Franco ascendió a la cúspide del Ejército al ser nombrado primero jefe superior de las Fuerzas Militares de España en Marruecos y posteriormente jefe del Estado Mayor Central (EMC). Además, desarrolló su faceta de planificador al diseñar un proyecto de defensa para las Baleares y un programa para la modernización del Ejército español. Finalmente, coordinó operaciones para derrotar a los revolucionarios asturianos en 1934. Esta suma de dinámicas le convencieron de dos hechos claves. El primero, que la doctrina militar *africanista* era aplicable en el territorio español. La segunda, que tenía que liderar la conspiración contra el Gobierno del Frente Popular en la larga primavera de 1936. Aunque no consiguió su propósito, terminó uniéndose a este proyecto tardíamente.

6) En el periodo comprendido entre agosto y septiembre de 1936, como jefe del Ejército de Marruecos, realizó una guerra *africana* al frente de sus columnas, obteniendo un notable éxito operacional, aunque no conquistase Madrid porque prefirió levantar el asedio del Alcázar de Toledo. Estos triunfos, unidos a las muertes del teniente general José Sanjurjo Sacanell y del general de división Manuel Goded Llopis, al

fracaso del de brigada Emilio Mola Vidal en su operación para tomar la capital en los primeros días de agosto y al apoyo de sus colegas monárquicos, facilitaron su elección como Generalísimo de los Ejércitos y Jefe del Estado Español el uno de octubre de 1936.

7) Entre octubre de 1936 y marzo de 1937, Franco se encontró con una guerra europea para la que no tenía tropas ni estaban preparados ni él ni sus mandos –tampoco sus enemigos republicanos– y con la presión añadida de un grupo de generales encabezados por Mola que no aceptaba su jefatura política. El resultado fue que en las diferentes operaciones para conquistar Madrid que se sucedieron en ese periodo mostraron todas sus carencias tácticas, estratégicas, operacionales y organizativas, producto de su formación exclusivamente *africanista*. Sin embargo, estos fracasos también le sirvieron como aprendizaje, reforzando su liderazgo militar.

8) Entre abril y octubre de 1937, permitió que se pusiera en marcha la campaña del Norte, que no solo terminó con una rotunda victoria rebelde, sino que le demostró que un conflicto europeo como la Guerra Civil debía librarse con unidades convencionales –divisiones orgánicas y cuerpos de ejército– y con una doctrina militar similar a la que se enseñaba en los países del continente. Además, durante este periodo murió Mola y se convirtió en jefe del partido único Falange Española Tradicionalista y de las Junta de Ofensiva Nacional Sindicalista, asegurando definitivamente su hegemonía en el campo rebelde.

9) Entre noviembre de 1937 y abril de 1938, y como consecuencia del ataque republicano a Teruel, Franco plasmó el aprendizaje que habían supuesto los meses anteriores en un ejemplo de arte operacional que le

permitió dividir la Zona republicana en dos partes. Esta fue, sin duda, la campaña más brillante de la Guerra Civil y la demostración de que se había transformado en un buen general europeo.

10) Entre abril y julio de 1938, sin embargo, abandonó su "faceta europea" y se encomendó a la *Baraka* (Gracia Divina o suerte) africana, en una suerte de oportunismo estratégico, para prolongar innecesariamente la campaña de Valencia, que terminó en un sonoro fracaso.

11) Entre julio y octubre de 1938 tuvo que enfrentarse al contraataque republicano en el Ebro. Fue en esta batalla donde mostró sus verdaderas dotes como estratega al aceptar y librar hasta el final un combate de desgaste donde sus recursos eran mayores. Su objetivo era destrozar la moral y acabar con la capacidad de resistencia del Ejército Popular de la República, para acortar así la guerra. Su éxito fue completo.

12) La campaña de Cataluña librada entre diciembre y febrero de 1939 fue una simple persecución de un enemigo en retirada, mientras que la ocupación del resto del territorio republicano se vio favorecido por los conflictos internos en este bando. El uno de abril finalizó la Guerra Civil.

13) Durante el periodo comprendido entre 1939 y 1975 Franco fue un agudo observador de los conflictos bélicos que tuvieron lugar en estos años, que interpretó a partir de su experiencia bélica y de una cierta posición de superioridad dada su condición de militar victorioso en dos guerras.

El resultado final de este proceso de autoconstrucción fue un militar solvente en las cuatro capacidades que definen esta profesión.

Para desarrollar estas tesis hemos utilizado fundamentalmente fuentes bibliográficas, que aparecen recogidas al final de la obra.

Por último, hemos optado por un desarrollo cronológico para analizar al Generalísimo rebelde como militar, articulando la obra en seis capítulos.

En el primero, se estudia el Ejército español a comienzos del siglo XX y al Franco cadete de Infantería.

En el segundo, se explica su paso por Marruecos, abordando las principales acciones que le llevaron al generalato y que le forjaron como militar. Igualmente se incluye su periodo como director de la AGM. Es uno de los dos capítulos centrales de la obra.

En el tercero, se estudia la figura de Franco durante la II República y su papel en la conspiración que se desencadenó en julio de 1936.

En el cuarto, se describe su papel como jefe del Ejército de Marruecos en los primeros meses del conflicto y las causas que le llevaron a convertirse en la cabeza de la España rebelde.

En el quinto, se aborda la Guerra Civil entre octubre de 1936 y marzo de 1939, analizando las principales campañas, así como el proceso de transformación del general *africanista* en el estratega europeo. Constituye el otro capítulo central de la obra.

Finalmente, en el sexto, Franco aparece como un líder militar en una atalaya desde la que interpreta y juzga los conflictos que se desencadenaron entre 1939 y 1975.

El cadete Francisco Franco, de pie, y el guardiamarina Nicolás Franco (1907).

I. EL INGRESO EN UNA NO ÉLITE
(1907-1910)

Desfile en 1900. Calle Alfonso XII, frente al Observatorio y el cerro de San Blas (Madrid).

Un Ejército ineficaz

En las postrimerías del siglo XIX el entonces comandante José Ibáñez Marín, escribió una obra bajo el título *La educación militar* en la que ofrecía una visión muy pesimista de la oficialidad del Ejército español: "la vocación y los antecedentes; la selección durante pruebas y años en una Academia; la piedra de toque de exámenes morales y profesionales, teóricos, prácticos de todo orden, de un día y otro, en los comienzos de la carrera y después; de pruebas para aspirar á sucesivos empleos, nada de eso ha querido practicarse por acá, fatal y tristemente", para finalizar explicando las consecuencias para la Fuerzas Armadas: "¡cuántas inteligencias malogradas ó desviadas! ¡Cuánto daño para la Institución militar! ¡cuán numerosos perjuicios, en suma, para la sociedad!"

Estas palabras, escritas por un jefe considerado entonces como uno de los grandes intelectuales militares y que moriría en el protectorado marroquí en 1909, reflejaban la triste realidad del Ejército español. Una organización que, a diferencia de lo que ocurría en los principales países europeos y Estados Unidos, carecía del prestigio necesario para atraer a la élite de la sociedad, con la excepción de algunos aristócratas que se incorporaban a las Armas de Caballería y Artillería por tradición familiar. Por el contrario, para la clase media baja de provincias, la institución militar era una auténtica agencia de empleo, especialmente en el caso de Infantería y en menor medida Caballería, ya que su examen de ingreso era más sencillo que en Artillería e Ingenieros: "¿qué carrera es la más económica? ¿Cuál la que más brevemente asegura la pitanza? Esta es la pesadilla, el norte y luz de millares de padres de familia que consideran la profesión militar como la más acabada prebenda para sus hijos" escribía Ibáñez Marín.

Empleo	Total
Capitanes generales	5
Tenientes generales	41
Generales de división	66
Generales de brigada	173
Coroneles	569
Tenientes coroneles	893
Comandantes	2071
Capitanes	4039
Primeros tenientes	2392
Segundos tenientes	1107
Total	**11356**

La oficialidad de las cinco armas y cuerpos (Artillería, Caballería, Estado Mayor, Infantería e Ingenieros) estaba sobredimensionada como así quedaba reflejado en el *Anuario militar de España* correspondiente a 1900.

Este escaso atractivo era consecuencia de las pésimas condiciones del Ejército a comienzos del siglo XX. La derrota frente a los

Estados Unidos en 1898 había supuesto un duro golpe para su imagen, especialmente por el hecho de que el 93% de las 45.000 bajas causadas por este conflicto en Cuba lo fueron por enfermedad. Sin embargo, los problemas no se limitaban solo a la logística, sino que afectaban a todos los ámbitos.

Sí el número de generales, jefes y oficiales era muy elevado, el de soldados, por el contrario, era muy bajo. Este problema era consecuencia de un servicio militar que privilegiaba a las clases medias y altas, pues hasta la aprobación de la Ley de Reclutamiento y Reemplazo del Ejército, el 19 de enero de 1912, la conscripción afectaba sólo a las clases bajas que no podían pagar la cuota necesaria para liberar a sus hijos del servicio militar. No obstante, esta norma tampoco significó la universalización del servicio militar, ya que creó los "soldados de cuota" que solo cumplían cinco o diez meses de los 36 establecidos, en función de la cantidad que abonaban al Estado (2.000 o 1.000 pesetas respectivamente). La macrocefalia y el escaso número de soldados provocaban cinco graves consecuencias:

1) La relación entre soldados y oficiales era de aproximadamente 4:1 y, en los primeros años del siglo XX incluso de 2:1, mientras que en los Ejércitos europeos oscilaba entre 17:1 y 24:1.

2 El Ejército era, por tanto, muy pequeño. Sin embargo, para la mayoría de los oficiales españoles, este no era un problema. Así, por ejemplo, Francisco Martín Arrué escribió en 1890 un artículo bajo el título "El absurdo del número en los Ejércitos modernos" donde afirmaba: "con

Ejércitos muy numerosos no hay táctica posible en el campo de batalla. ¿Quién es capaz de mover millones de hombres con acierto y precisión, según las circunstancias del momento, que en muchas ocasiones echan por tierra el plan más sabiamente concebido?". Sin embargo, el rechazo al ejército de masas no era exclusivamente por motivos militares, sino también políticos. Así lo reflejaba el comandante Juan Calero Ortega en su artículo "Ideas sobre organización militar" (1904), donde se mostraba contrario al reclutamiento universal porque en un ejército integrado por soldados procedentes de diferentes clases sociales no solo sería posible la camaradería. Además, los soldados cultos y con formación debilitarían la disciplina porque podrían cuestionar las órdenes. Por estas razones, consideraba que los reclutas debían ser campesinos y artesanos. Es decir, pertenecientes a grupos sociales preindustriales. Estas ideas no eran exclusivamente de los oficiales españoles. En el país defensor del Ejército de masas por excelencia, el Imperio Alemán, los militares se quejaban amargamente de la gran proporción de soldados socialdemócratas antes de 1914. Por esta razón, cuando tuvieron que poner en marcha una fuerza profesional de 100.000 hombres como consecuencia del Tratado de Versales (1920), optaron siempre por elegir a campesinos procedentes de las regiones orientales, muy conservadores ideológicamente, como demostró Samuel Mitcham.

3) Los sueldos de los militares profesionales absorbían la mayor parte del presupuesto militar: el 58% en 1900. Aunque posteriormente se redujo al 35%. En todo caso era el doble que en Francia o el Imperio Alemán.

4) La escasa dotación de material, especialmente de artillería –donde

seguían abundando las piezas de bronce–, ya que a este Cuerpo solo se le asignaba el 10% del presupuesto.

5) La sobreabundancia de unidades infradotadas de personal para proporcionar destinos a todos los oficiales. En 1900 se contabilizaban:

a) Infantería: 118 regimientos, 17 batallones de Cazadores (infantería ligera), 5 batallones de Montaña, un batallón penitenciario en Melilla,

b) Caballería: 28 regimientos y tres escuadrones independientes y una sección de cazadores a caballo en Canarias,

c) 17 regimientos y 9 batallones independientes.

d) Ingenieros: 5 regimientos, 2 batallones y cuatro compañías independientes (Baleares, Canarias, Ceuta y Melilla).

6) El nulo adiestramiento de las unidades consecuencia de la escasez de efectivos. Por ejemplo: un regimiento de Infantería tenía 500 jefes, oficiales, suboficiales y soldados cuando debería tener 3.000. El resultado era que su entrenamiento se limitaba a formar a los soldados en línea, abrir un nutrido fuego –un gasto enorme de munición– y cargar rápidamente con bayoneta. Esta formación tan elemental tenía un grave problema: en combate, los reclutas podían verse superados por el pánico, disparar rápidamente y darse a la fuga inmediatamente, como ocurrió en la campaña de 1909 en Marruecos. El fuego de fusilería se podía haber reforzado si el Ejército español hubiera puesto más interés en una nueva arma: la ametralladora. Sin embargo, a diferencia de lo que ocurrió en otros países europeos, como el Imperio Alemán –el primero

en crear unidades independientes dotadas con este arma–, los militares españoles, incluyendo los artilleros –famosos por su formación técnica– no dieron mucha importancia a la ametralladora. Ibáñez Marín reflejaría ese error en su obra: "la energía que se gasta en enseñar a un pelotón de reclutas el paso lento, el manejo del arma isócrono y destructor, o la retahíla de nombres y fórmulas que para nada le sirven a él ni favorecen por otra parte a la profesión, bastaría para imponerle en el manejo de una maquina complicada de cualquier gran industria moderna".

Las condiciones apuntadas convertían la profesión militar en una suerte de negociado funcionarial con escasas expectativas de desarrollo laboral, ya que los ascensos eran muy lentos en un escalafón interminable. A modo de ejemplo, el paso del empleo de teniente al de comandante exigía aproximadamente veinte años de servicio. Así, Vicente Rojo, el gran rival de Franco en la Guerra Civil, nacido el ocho de octubre de 1894, ascendió a primer teniente el 27 de junio de 1917 y a comandante el 25 de febrero de 1936. El resultado de esta dinámica era que la mayoría de los oficiales se limitaban a ejercer su trabajo de forma rutinaria y a cobrar su nómina al final de cada mes, como afirmaba Ibáñez Marín: "la cuestión, por el presente, es percibir un sueldo, vivir de la teta, ya harto esquilmada, del presupuesto".

Esta actitud de pasividad y dejadez se manifestaba especialmente en el servicio en las colonias de Ultramar, donde el número de voluntarios era muy escaso, lo que obligaba a cubrir los destinos con oficiales forzosos. Para paliar esta situación se tomó la decisión de "facilitar" los ascensos por méritos de guerra con el objetivo de incentivar las carreras de los que optasen por esos puestos. El veinte de julio de 1889 se publicó en la *Gaceta de Madrid* la Ley adicional a la Constitutiva del Ejército del treinta de noviembre de 1978, obra del teniente general Manuel Cassola Fernández. En esta norma se establecía que "las grandes hazañas, los hechos heroicos, los méritos distinguidos y los peligros y sufrimientos de las campañas serán premiados en interés del Estado". Uno de los galardones era el ascenso por méritos de guerra, que "no podrá obtenerse sino mediante juicio de votación, abierto dentro de las cuarenta y ocho horas siguientes al hecho que la motiva, sin esperar la orden de formación de propuestas. En este juicio tomarán parte los Jefes á que correspondan de la sección, cuerpo, columna, brigada ó división, que habiendo concurrido al hecho de armas sobre que verse, tengan que dirigir al Superior inmediato la primera relación del suceso. Cuando la propuesta se formule se unirá á ella precisamente el expediente del juicio de votación". Este sistema sería desarrollado por el Reglamento publicado en la *Gaceta de Madrid* el veinte de febrero de 1891, y sobre todo por otro que apareció el 26 de octubre de 1894. Esta última norma abría una ventana de oportunidad a la corrupción, ya que permitía abrir juicios de votación para el ascenso hasta el empleo de coronel a cualquier jefe de una formación que operase separadamente frente al enemigo.

Los mayores beneficiarios de este sistema serían los oficiales de las Armas Generales –Infantería y Caballería–, partidarios de la escala abierta, lo que terminaría provocando una grave fractura en 1917 entre *africanistas* y peninsulares o *junteros*. Por el contrario, los miembros de los Cuerpos Facultativos – Estado Mayor, Artillería e Ingenieros–, defensores de la escala cerrada, mantuvieron la cohesión en sus filas por-que optaron por permutar estos premios por una condecoración, la cruz de María Cristina, pensionada con una cantidad de dinero que equivalía a la diferencia entre el sueldo del empleo que tenían y el que les hubiera correspondido si hubiesen ascendido por méritos de guerra.

El militar más favorecidos por este sistema de recompensas sería Francisco Franco Bahamonde.

Academia militar en Toledo con motivo la visita de Alfonso XIII y R. Poicaré (Primer ministro francés) Fot. Charles Chusseau-Flaviens.

El cadete Franco

Francisco Franco Bahamonde nació en El Ferrol (La Coruña) el cuatro de diciembre de 1892 en el seno de una familia vinculada al servicio en la Armada. En esta ciudad militar cursó los estudios de Educación Primaria y Segunda Enseñanza (Bachillerato). Muchos años después, en sus conversaciones con el doctor Vicente Pozuelo, el futuro Generalísimo reconocería que no recibió una buena formación: "el nivel de la enseñanza en El Ferrol, en estos años, era en general bajo. No existían colegios religiosos masculinos y cuanto más tiempo pasaba, se acusaba más la diferencia y el atraso de no seguir el paso del resto de la población. Faltando escuelas, los profesores se limitaban a tomar la lección de memoria, por el libro, sin explicaciones ni aclaraciones. No había instituto de segunda enseñanza, y para los exámenes había que trasladarse a La Coruña". En ese momento, según lo regulado por la Ley Moyano (1857), solo había institutos en las capitales de provincia, por lo que la suya no era una situación excepcional.

Tras finalizar el bachillerato, y como muchos vástagos de la clase media baja de provincias, optó por la carrera militar, no solo porque los estudios universitarios eran prohibitivos en ese momento, sino también porque el servicio de las armas era una tradición familiar. Franco hubiera deseado ingresar en la Escuela Naval Militar (Cádiz), para lo que se había preparado a conciencia, obteniendo un buen nivel en matemáticas. Sin embargo, este centro no ofertó plazas para aspirantes a guardiamarina en 1907. Ante esta tesitura, optó por presentarse a las oposiciones para el ingreso en la Academia de Infantería de Toledo, que se realizaron en mayo de ese año. El entonces adolescente, de solo 14 años, superó las pruebas sin brillantez, ya que obtuvo el número 251 de los 382 ingresados, que formaron la XIV promoción. Entre sus integrantes estaban algunos de sus futuros subordinados como Camilo Alonso Vega, Emilio Esteban-Infantes y Martín, Heliodoro Rolando Tella y Cantos o Juan Yagüe Blanco, y de sus enemigos como José Asensio Torrado.

Durante los tres años que permaneció en este centro, y más allá de las novatadas que recibió por su edad y corta estatura, Franco recibió una educación fundamentalmente memorística y teórica –a semejanza de otros Ejércitos, como el británico o el estadounidense– que incluía asignaturas como Ordenanzas militares, Organización militar, Armamento, Balística y tiro, Geografía militar de España, Europa y Marruecos, Historia militar, Álgebra y análisis matemático, Geometría plana y descriptiva, Física y química o idiomas modernos (Inglés, Francés o Alemán). Junto a estas enseñanzas, los cadetes también se adiestraban militarmente –incluyendo ejercicios anticuados claves para la transmisión de valores militares– y aprendían a montar a caballo. El resultado fue un oficial formado en las siguientes ideas:

- La superioridad de la ofensiva sobre la defensiva, lo que incluía la utilización de ataques frontales contra posiciones fortificadas. Esta doctrina, común a todos los Ejércitos Occidentales, sería el origen de las grandes matanzas de la Primera Guerra Mundial y también de algunos desastres en Marruecos y en la Guerra Civil española.

- La importancia de los valores morales, potenciada por la victoria del Imperio japonés sobre el ruso en la guerra de 1904-1905. Este planteamiento tuvo especial trascendencia entre los militares españoles, incluyendo a Franco, ya que nuestro país carecía de un armamento moderno comparable a otras naciones europeas. En consecuencia, esta carencia podía compensarse con conceptos abstractos como la moral, el espíritu, etc.

- La acción coordinada de las tres armas −Artillería, Caballería e Infantería−, plasmada en el manual *Táctica de las tres armas*, escrito por el jefe de estudios de la academia cuando Franco era cadete: coronel José Villalba Riquelme. Si bien este libro era bastante moderno desde el punto de vista teórico, el problema fue que el Ejército español carecía de los medios para aplicar la doctrina contenida en sus páginas.

- La trascendencia del ferrocarril, el sistema de movilización o la seguridad de las fuerzas. Estas ideas tenían su origen en las doctrina prusiano-alemana y más concretamente en las guerras de unificación que habían permitido la creación del Imperio alemán, donde estos factores habían sido claves para el triunfo sobre los Ejércitos austriaco y francés. Sin embargo, estas enseñanzas solo cobraron valor en la Guerra Civil cuando tuvo que librar un conflicto moderno.

- La aniquilación del enemigo. Este planteamiento tenía su origen en la "guerra absoluta" o *Vernichtungsschlacht* (Guerra de Aniquilación) del general prusiano Karl von Clausewitz. Posteriormente fue desarrollada por el

general mariscal de campo Helmuth von Moltke en las guerras de unificación alemana. Su objetivo era aplastar al enemigo en batalla. Si no se lograba completamente, debía desencadenarse una persecución enérgica para forzarle a presentar combate otra vez y lograr su definitiva destrucción. Franco utilizaría estas ideas en la Guerra Civil, particularmente en la batalla del Ebro, un enfrentamiento de desgaste y aniquilamiento.
- La obediencia pasiva. Esta actitud provenía de la enseñanza memorística que derivaba en el conformismo y la aceptación acrítico de las órdenes y los procedimientos establecidos. No obstante, no debemos considerar esta situación como exclusiva del Ejército español, ya que también se manifestaba en otros oficiales occidentales u occidentalizados, siendo el caso más notable el de los japoneses, cuya actitud fatalista y pasiva les incapacitaba para improvisar. La única excepción era el Ejército prusiano/alemán que, desde la derrota en Jena en 1806 contra Napoleón Bonaparte, había desarrollado la *Auftragstaktik*. Se trataba de una forma de mando basada en directivas y no tanto órdenes, con el objetivo de desarrollar la capacidad de los mandos subalternos para actuar de forma independiente. El resultado fue que, desde el empleo de oficial, los militares alemanes desarrollaron la flexibilidad, la improvisación y la imaginación tácticas, que posteriormente aplicaron cuando alcanzaron mandos superiores. Las operaciones del entonces teniente Erwin Rommel en Italia entre 1915 y 1918 sería un ejemplo máximo de esta forma de actuar en batalla, que repetiría después en el norte de África en 1941-1942.. En el Ejército español no surgirán tácticos brillantes como Rommel o Erich von Manstein. Por el contrario, la actitud pasiva de sus oficiales, si bien favoreció la disciplina y el respeto a las

jerarquías, tuvo una consecuencia muy negativa como señaló el general rebelde Alfredo Kindelán: "un miedo extraordinario a la responsabilidad, un deseo de recibir órdenes detalladas y precisas que le ahorren el deber de reflexionar y tener criterio propio". Esta actitud se manifestaría tanto en las campañas de Marruecos como en la Guerra Civil. Franco sería una excepción a esta regla, como demostró durante el desembarco de Alhucemas (1925).

El 13 de julio de 1910 el joven cadete de 17 años fue promovido al empleo de segundo teniente, finalizando así sus estudios en Toledo. No fue un alumno brillante, ya que obtuvo el puesto 251 de los 312 miembros de su promoción que finalizaron los cursos. Uno de sus compañeros, el futuro coronel republicano Vicente Guarner Vivancos diría a José María Gironella, que fue "un cadete introvertido, taciturno, apagado y nada brillante. Su cultura parecía limitada. No discutía. […] Lo considerábamos un gallego nada sobresaliente, triste y cauteloso, siempre melancólico y deprimido, de aspecto vulgar, moreno, bajito, con voz de falsete y que había leído muy poco". Esta opinión debe tomarse con prevención ya que su autor fue derrotado por Franco en la Guerra Civil y vivía exiliado en México. En todo caso, estas mediocres notas fueron consideradas por el futuro generalísimo un borrón en su carrera que intentó justificar posteriormente. Así en su novela *Raza*, escrita en 1941 bajo el seudónimo de Jaime de Armiñan, su *alter ego* José Churruca mantenía un diálogo con su idolatrada madre y su compañero de promoción Luis. Ante el comentario de este último, donde le reprochaba que podía haber sido el número uno de su promoción, le respondía que no se había centrado en los libros porque había dedicado el tiempo a estudiar las "piedras" de la Ciudad Imperial: "y tan feliz… No cambio yo estas inquietudes mías por los primeros puestos. Estas cosas que parecen insignificantes tienen para mi su valor. Han ido formando mi carácter; sin ellas, no me encontraría, sería un número más…". Igualmente, en las postrimerías de su vida, comentaría al doctor Vicente Pozuelo que "la enseñanza, en general, era rutinaria. Se seguía el sistema memorista, tan cómodo para el profesor adocenado, pero en pugna con mi anterior preparación para la Marina, en que se buscaba la razón y el porqué de las cosas por medio de preguntas y de pegas. He de confesar que me costó mucho adaptarme". Estas excusas demuestran que su deslucido paso por la academia le pesó a lo largo de su vida. Sin embargo, y a pesar de este mediocre expediente académico, alguna virtud tuvo que mostrar a sus profesores, especialmente al coronel Villalba, porque pocos años después le reclamaría para que se integrara en su regimiento y le apoyaría en su carrera.

Tras salir de la academia como el segundo teniente más joven de España, no pasó destinado a Marruecos, sino el Regimiento de Infantería de Zamora n.º 8, de guarnición en El Ferrol, al que se incorporó el 22 de agosto de 1910. Estaba en su ciudad natal, por tanto, en un destino cómodo y conocido. Sin embargo, no le resultaba atractivo, pues su padre hacía años que había abandonado el hogar familiar, y era aburrido y rutinario. Por esta razón, solicitó en varias ocasiones que se le enviase a Marruecos. Sus deseos se convirtieron en realidad el seis de febrero de 1912.

II. EL APRENDIZAJE AFRICANO
(1911-1931)

Agosto de 1921 en Uad Lau, Marruecos. Francisco Franco, comandante de la Primera Bandera del Tercio en el campamento avanzado de la Legión.

Una táctica equivocada

En 1840 llegó a Argel como gobernador general y comandante en jefe del Ejército en esta colonia francesa el antiguo mariscal de Napoleón Bonaparte Thomas-Robert Bugeaud, veterano de la Guerra de Independencia española (1808-1814) y experto en lucha antiguerrillera. La orden que había recibido del rey Luis Felipe I era acabar con la rebelión liderada por Abd-el-Kader. Nada más pisar tierra africana pudo observar que el Ejército francés estaba repitiendo los mismos errores que había cometido en España treinta años antes. La mayoría de las bajas se habían producido defendiendo puntos fijos relativamente fortificados y en golpes de mano a las columnas que los abastecían. Paralelamente los ataques contra los insurgentes eran realizados por pesadas columnas de miles de hombres apoyadas con artillería, que precisaban largos trenes de aprovisionamiento. Estas grandes unidades no conseguían su objetivo porque los rebeldes se retiraban para posteriormente atacar su retaguardia y a los rezagados.

Para superar esta situación y cumplir la orden recibida Buguaud se apoyó en cinco principios que rompían con las tácticas militares europeas:

1) Movilidad: sustituir los puntos fijos fortificados por partidas de explo-

radores y columnas móviles formadas por algunos centenares de hombres armados ligeramente. Estas unidades podían desplegarse rápidamente y converger desde direcciones diferentes hacia un objetivo seleccionado con anterioridad.

2) Moral: mejorar las condiciones de vida de los soldados, proporcionándoles cuidados médicos, y uniformes alimentos de calidad.

3) Liderazgo: lograr que todos sus subordinados obedecieran sus órdenes y defenderles cuando cometían represalias sobre la población civil.

4) Potencia de fuego: desplegar pequeñas formaciones con campos de tiro solapados para proporcionarse apoyo mutuo. Las descargas estaban controladas y no comenzaba hasta que el enemigo estaba lo suficientemente agrupado para que fueran efectivas.

5) *Razzias*: arrasar las cosechas, sacrificar el ganado, destruir pueblos y actuar brutalmente contra la población civil. Es decir, desencadenar una Guerra Total para desmoralizar a los rebeldes y provocar su rendición, siendo el primer territorio donde se aplicaría esta forma de conflicto. Posteriormente lo harían los británicos en la India, los rusos contra los circasianos en el Cáucaso, los alemanes en Namibia contra los hereros y nama, los italianos en Libia o los españoles en Marruecos, aunque con notables diferencias en los planes "exterminadores" de los militares de estos países.

La estrategia de Bugeaud tuvo éxito porque consiguió el objetivo político perseguido: Argelia fue finalmente pacificada. Sin embargo, ocasionó dos consecuencias negativas para Francia. La primera, la hostilidad de la población local hacía los colonizadores, que nunca se superó. La segunda, la división del Ejército francés entre los militares *africanos* y los metropolitanos, ya que los primeros se consideraban incomprendidos y despreciados por sus métodos. Este sentimiento aumentó su corporativismo y les hizo identificarse más con Argelia, un territorio militarizado, que con la propia Francia.

El fracaso inicial de Francia en Argelia se repetiría en el Marruecos español en el siglo XX. La razón fue que las tácticas de Bugeaud no fueron estudiadas por los militares españoles en el siglo XIX, ya que no tuvieron que hacer frente a un desafío similar, ni tampoco en los primeros años de la centuria siguiente porque existía el deseo de olvidar las tristes experiencias de Cuba y Filipinas. El resultado fue que, cuando se vieron obligados a intervenir en este territorio norteafricano como consecuencia de la firma del Convenio hispano-francés (3 de octubre de 1904) y celebración de la Conferencia de Algeciras (16 de enero/7 de abril de 1906), utilizaron las mismas tácticas que los franceses en Argelia antes de la llegada de Bugeaud, como reconocería el propio Franco en su obra el *ABC de la batalla defensiva* (1944): "así, en Marruecos contemplamos a un Ejército esparcido en centenares de posiciones que aprisionaban sus efectivos en situaciones absurdas, con los hombres concentrados y expuestos a la desmoralización". El resultado de esta forma de combatir serían una sucesión de desastres que alcanzaron su punto de inflexión en Annual en 1921. Solo cuando estas tácticas fueron abandonadas y se logró la colaboración francesa, los rebeldes rifeños serían derrotados.

Un efímero oficial (1912-1916)

Franco llegó a África pocos meses antes de que se firmase el Convenio hispano-francés del 27 de noviembre de 1912 por el que se estableció definitivamente el protectorado de ambos países en Marruecos. El territorio correspondiente a España abarcaba dos zonas. La del norte, en torno al Rif y la Yebala, tenía por capital Tetuán y abarcaba 20.948 km². A pesar de su pequeño tamaño, las dificultades orográficas y climáticas –lluvias abundantes y temperaturas extremas en verano e invierno– y la belicosidad de sus cabilas (tribus), independientes de facto del sultán que residía en Fez, convirtieron su control en una ardua tarea que se prolongó durante 18 años. Por el contrario, la del sur, Cabo Juby, ocupaba 32.875 km² y estaba poblada por 10.000 bereberes, lo que favoreció su rápido dominio. A este territorio había que sumar Sidi Ifni, que España había arrebatado a Marruecos por el Tratado de Wad-Ras (26 de abril de 1960) que puso fin a la llamada Guerra de África (1859-1860), pero cuya extensión quedó reducida por este convenio a poco más de 1.500 km². Sería definitivamente ocupado por el coronel Oswaldo Capaz en 1934.

Los combates en el norte habían comenzado tres años antes, con la campaña de Melilla de 1909, donde si bien el Ejército español salió victorioso, sufrió desastres tan dolorosos como el del Barranco del Lobo

(27 de julio) que produjo 1.046 bajas entre muertos, heridos y desaparecidos. Esta catástrofe, que ocasionó graves disturbios en España, particularmente la "Semana Trágica de Barcelona" (26 de julio-2 de agosto), fue producto de dos causas: la muerte del general de brigada Guillermo Pintos y de numerosos oficiales por marchar a cuerpo descubierto y la desbandada general de unas tropas pobremente adiestradas. En el momento en que Franco llegó a África se estaba librando un nuevo conflicto conocido como campaña del Kert (1911-1912) también en Melilla, provocado por Mohamed Ameziane, *El Mizzian*, que había lanzado la *Yihad* (Guerra Santa) contra los españoles. El futuro generalísimo se incorporó al Regimiento de Infantería de África n.º 68, a las órdenes del coronel Villalba. En esta unidad ascendió a primer teniente el 13 de junio. Fue la única promoción por antigüedad que tuvo en su carrera. El resto lo serían por méritos de guerra, siendo siempre el militar más joven del Ejército en cada empleo. Sus primeras acciones fueron una manifestación de la errónea táctica que España aplicaba en Marruecos: escoltar convoyes de abastecimiento a los puestos fortificados con madera y sacos terreros (blokaos) que supuestamente simbolizaban el dominio español del territorio. Operaciones que siempre ocasionaban bajas porque suponía realizar "largos recorridos por un terreno abrupto, muchas veces por caminos de herradura, con las cargas en acémilas, altas temperaturas y escasez de agua", como ha escrito Fontela Ballesta. Por estas actividades recibió su primera condecoración importante: la Cruz del Mérito Militar de 1ª clase con distintivo rojo.

Antes de que finalizara esta campaña con la muerte de *El Mizzian* el 15 de mayo de 1913, el entonces primer teniente pidió destino voluntario en las Fuerzas Regulares Indígenas de Melilla el 15 de abril. Esta unidad de infantería de choque, integrada por nativos exclusivamente, fue creada el treinta de junio de 1911 por el entonces teniente coronel de Caballería Dámaso Berenguer y Fusté. Su objetivo era actuar en extrema vanguardia para reducir las bajas de los reclutas españoles, inaceptables para la mayor parte de la opinión pública de nuestro país, que ni comprendía ni apoyaba las campañas militares en el Protectorado.

Franco se integró rápidamente en esta unidad donde conseguiría en poco tiempo dos importantes recompensas. La primera, una Cruz de María Cristina por "los méritos contraídos en los hechos de armas, operaciones efectuadas y servicios prestados, desde el 25 de junio a fin de diciembre del año próximo pasado en las inmediaciones de Tetuán". Su acción más destacada en este periodo fue el rescate del cuerpo del capitán Ángel Izarduy e Inza el 22 de septiembre de 1913. Este oficial de Regulares había caído en Mogote cuando se estaba procediendo a fortificar esta posición. La recuperación de su cadáver se convirtió en una cuestión de honor para evitar que fuera profanado por los rifeños. Primero lo intentó su compañía, fracasando. A continuación, trató de hacerlo la del capitán Emilio Mola Vidal (1887), sin éxito. Finalmente intervino la del capitán Enrique García Cuevas, una de cuyas secciones mandaba Franco. El entonces teniente realizó una hábil maniobra de flanco que neutralizó el fuego indígena, permitiendo a sus compañeros llegar hasta el capitán muerto y recoger su cadáver. En esta acción el futuro Generalísimo demostró capacidad táctica y liderazgo, aunque fuera al frente de un pequeño grupo de hombres, por lo que fue felicitado por Dámaso Berenguer y comenzó a ser conocido y respetado por sus camaradas.

La segunda, el ascenso por méritos de guerra a capitán el 15 de marzo de 1915, aunque con antigüedad del uno de febrero de 1914, por "los méritos contraídos en los hechos de armas, operaciones efectuadas y servicios de armas prestados desde el 1º de enero a fin de abril del año próximo pasado". Este premio fue precedido del correspondiente juicio de votación en su unidad y apoyado por el ya general de brigada Dámaso Berenguer. La acción determinante en este periodo tuvo lugar el uno de febrero de 1914. Ese día los Regulares realizaron una importante operación contra los rebeldes que ocupaban la zona norte de Tetuán. La compañía de Franco combatió en el aduar de Beni Salem con eficacia. El enfrentamiento fue muy duro, lo que se tradujo en numerosas recompensas para los jefes y oficiales de la unidad. El entonces veterano comandante José Sanjurjo Sacanell (1872), herido dos veces, recibió la máxima condecoración española, la Cruz Laureada de San Fernando, y el ascenso a teniente coronel, mientras que Mola lo fue a comandante. Franco (21 años) y su futuro rival (26 años) eran entonces los dos militares más jóvenes en sus respectivos empleos. Sanjurjo, cuya carrera se relanzó definitivamente tras esta acción, convirtiéndose en el *León del Rif*, actuaría como "protector" del primero, mientras que Dámaso Berenguer haría lo propio con el segundo.

Durante este periodo, Franco había demostrado liderazgo, valor y habilidad como táctico. Así lo reflejaba su Hoja Matriz de Servicios. Además, empezaba a decirse que tenía *Baraka*, ya que nunca había sido herido. Esta situación cambiaría dos años después: el 29 de junio de 1916. Ese día, al frente de la 3ª Compañía del 2º Tabor de Infantería del Grupo de Fuerzas Regulares Indígenas de Melilla n.º 2, participó en la ocupación de El Biutz, una altura con varios montículos situada a 9,5 kilómetros al sudoeste de Ceuta. Este accidente geográfico, que dominaba la ciudad española y la carretera a Tetuán, había sido fortificado por los rifeños, creando la "Loma de las trincheras". El objetivo que perseguían era que las tropas españolas desencadenasen un ataque frontal para ocuparla, lo que aprovecharían para envolverlas con las fuerzas escondidas detrás de las alturas.

La operación se desarrolló de acuerdo con la doctrina ofensiva imperante. Las fuerzas españolas atacaron frontalmente la loma como esperaban los insurgentes, fracasando en el intento hasta que actuó la compañía de Franco. Su unidad tomó la primera línea de trincheras y desde esta posición avanzó hasta llegar a su cima. De los 133 hombres que la conformaban 56 murieron o resultaron heridos. Franco fue alcanzado por un proyectil de fusil en la región lateral del abdomen antes de que la acción fuera coronada con éxito, dejándole incapacitado para el mando. La bala no le alcanzó ningún órgano vital, lo que unido a que iba en ayunas y se le realizó una cura de urgencia en el propio campo de batalla, salvó su vida, ya que el pronóstico inicial era gravísimo. Tras pasar por el Hospital Militar Docker de Melilla, recibió dos meses de licencia en El Ferrol para finalizar su recuperación.

Por su comportamiento en este combate fue premiado primero con otra Cruz de María Cristina de 1ª Clase el veinte de septiembre de 1916, posteriormente permutada –a petición del interesado– con el ascenso por méritos de guerra al empleo de comandante el 28 de febrero de 1917, con antigüedad del 29 de junio de 1916. Sin embargo, no obtuvo la Cruz Laureada de San Fernando, condecoración que solicitó con insistencia. En el juicio contradictorio exigible para su concesión, se probó que Franco había demostrado valor y liderazgo en combate, pero también –por las declaraciones de los testigos– que una vez herido se vio imposibilitado para seguir mandado su compañía y por tanto no pudo dirigir el asalto final a la loma. Además, tampoco pudo determinarse otro punto exigible en el reglamento de esta condecoración: el número exacto de bajas enemigas. El Consejo Supremo de Guerra y Marina, tras estudiar el informe del fiscal, comandante de Estado Mayor Antonio Gaudín García, desestimó su petición el seis de junio de 1918, considerando que ya había sido recompensado suficientemente con el ascenso a comandante. Además, censuró la conducta de Franco al afirmar: "que este juicio contradictorio en primer término no debió formarse a instancias del jefe que lo solicitó sino a su propuesta [del General en Jefe del Ejército de España en África teniente general Francisco Gómez Jordana]". Este militar también había rechazado que se le concediera tan preciada condecoración porque su conducta en El Biutz "no llegó a los límites marcados en el Reglamento de la Cruz de San Fernando para las acciones heroicas y distinguidas".

Franco se había convertido en el comandante más joven del

Ejército con 24 años, aunque la antigüedad en el empleo correspondía a una edad de 23. Había conseguido dos ascensos por méritos de guerra en poco más de dos años que suponían un avance en el escalafón equivalente a 15 años. Así, por ejemplo, su compañero Guarner Vivanco, que no tuvo nunca premios de este tipo, era el 18 de julio de 1936 comandante, empleo al que había ascendido el 26 de noviembre de 1930. Estas recompensas se le habían concedido por el valor, liderazgo y capacidad táctica en el mando de pequeñas unidades en el campo de batalla. No obstante, también había empezado a manifestar otra característica que le acompañaría durante toda su vida: una ambición sin límites que empezaba a disgustar a sus superiores.

1920, Franco y Millán Astray el día de la fundación de la legión.

Un jefe eficaz: el desembarco de Alhucemas (1917-26)

El dos de marzo de 1917 Franco fue destinado al Regimiento de Infantería del Príncipe n.º 3, de guarnición en Oviedo, al que se incorporó el 31 de mayo. Poco después, el diez de agosto se declaró una huelga general revolucionaria en España que, si bien fue neutralizada en la casi totalidad del territorio nacional, alcanzó gran virulencia en Asturias, como ocurriría en octubre de 1934. Seis días después, el gobernador militar de Oviedo general de brigada Burguete y Lana ordenó a Franco que, al frente de una columna mixta integrada por unidades del Ejército y de la Guardia Civil, se trasladase a la cuenca minera de la Falla de los Lobos para mantener la tranquilidad. El joven comandante cumplió la orden sin incidentes.

En los meses siguientes la vida de guarnición en una capital de provincias no solo le resultó aburrida, salvo porque conoció a su futura esposa María del Carmen Polo y Martínez Valdés, sino sobre todo peligrosa porque podía caer en el olvido como militar, perdiendo así la ventaja en el escalafón que le habían proporcionado sus dos ascensos por méritos de guerra. Además, en este periodo, como consecuencia de la Primera Guerra Mundial, la situación en el Protectorado estaba relativamente estabilizada. Por tanto, tampoco un destino en este territorio le garantizaba seguir avanzando en el escalafón.

Para intentar superar esta situación, el treinta de noviembre de 1918 elevó una instancia a Alfonso XIII a través del Ministerio de la Guerra en la que solicitaba su incorporación a la Escuela Superior de Guerra para cursar la diplomatura de Estado Mayor. Franco sabía perfectamente que este título le podría abrir los destinos más importantes del Ejército, al pasar a formar parte de la élite de la oficialidad española, aunque justificó su decisión por el afán de aprender para ejercer los importantes mandos que supuestamente se merecía: "la mejora obtenida en su carrera, por méritos de campaña, hacen pensar al recurrente en una rápida carrera militar y alcanzar mandos superiores. No se consideraría el Jefe que suscribe digno del honor que se le hizo si continuara su carrera militar contentándose con el cumplimiento de los servicios militares que le correspondan y no procurara, por todos los medios a su alcance, afianzar sus conocimientos militares, por medio de estudio de la técnica profesional, aumentando su cultura militar y vigorizando su carácter". Sin embargo, su petición quedó en suspenso el cinco de febrero de 1919, no pudiendo acceder a ese curso ni siquiera como "oyente", opción que también había planteado. La causa de esta negativa fue que estos estudios solo estaban abiertos a oficiales –tenientes y capitanes–.

La imposibilidad de convertirse en un militar "técnico" dejó a Franco un solo camino para ascender si no quería transformarse en un rutinario militar de guarnición: el heroico, lo que implicaba volver a Marruecos. La oportunidad se la proporcionaría un nuevo periodo de combates en el Protectorado, protagonizado por Muley al-Raisuni –cherif de la Yebala– en la zona occidental, y Abd el-Krim –cadí de la cabila de Beni Urriaguel, en el Rif– en la zona oriental, por un lado, y el veterano comandante José Millán Astray, por otro.

Este militar, al que Manuel Azaña calificó de "fantasmón", había logrado que el ministro de la Guerra, el ya general de división Villalba, autorizase la creación del Tercio de Extranjeros, la famosa *Legión*, el 28 de enero de 1920. Se trataba de otra unidad de infantería de choque, inspirada en la Legión Extranjera francesa y formada también por voluntarios, con el fin –como los Regulares– de reducir las bajas de reclutas españoles en combate. El comandante dotaría de una mística especial a esta unidad, inspirada en el código del *Bushido* de los samuráis japoneses, que se traduciría en una durísima disciplina y en un lema muy expresivo, "Viva la muerte", porque los legionarios eran sus "novios", título de su canción más famosa. Los integrantes del Tercio no solo estarían vinculados sentimentalmente con la parca, sino que también serían "caballeros", denominación que difícilmente se correspondía con la vida anterior de la mayoría de ellos. Sin embargo, el pasado no importaba porque desde el momento en que se alistaban en el Tercio quedaba borrado, para pasar a formar parte de una élite. Ese carácter de unidad escogida, que desde el primer momento le proporcionaron Franco y Millán Astray y que se ha prolongado hasta nuestros días, se manifestó en un uniforme diferente –como los Regulares–, un mejor armamento y una excelente alimentación.

El 27 de septiembre de 1920 Franco fue nombrado jefe de la I Bandera (batallón) del Tercio de Extranjero, que solo existía sobre el papel. El entonces comandante fue capaz de organizar, encuadrar e instruir a 600 voluntarios cuyas características nada tenían que ver con los soldados que había mandado hasta ese momento, convirtiéndolos en una excelente unidad de combate. En esta dinámica Franco mostró otras dos de sus características como militar. La primera, la preocupación por la logística que se manifestó en la puesta en marcha de una granja para proporcionar carne a sus hombres. La segunda, la interpretación del Código de Justicia Militar con particular dureza, plasmada en la aplicación de la pena de muerte en delitos graves de insubordinación. El 31 de octubre, en el campamento del Tercio en Dar Riffien, las tres banderas recién constituidas juraron la enseña nacional.

Seis meses más tarde, el 18 de abril, tras un intenso entrenamiento, la bandera de Franco comenzó a operar en el área de Xauen, en la parte occidental del Protectorado, formando parte de una columna a las órdenes de Sanjurjo. Esta agrupación –columna– se había empleado en la Guerra de Cuba (1895-1898) e incluso antes –Guerra de Independencia y en las Guerras Carlistas– y se caracterizaba por la ausencia de una estructura orgánica, ya que se conformaba en función de la operación a desarrollar mediante la suma de unidades de infantería tipo batallón, artillería y servicios. Numerosos militares la consideraban una organización muy deficiente, ya que rompía la estructura de las unidades tipo regimientos de las que procedían los diferentes batallones y sobre todo porque su jefe no conocía normalmente a sus mandos subalternos. No obstante, en Marruecos tendría éxito en una guerra asimétrica contra los rifeños, especialmente cuando se motorizaron y actuaron coordinadamente gracias al empleo de la radio. Tal vez por esta razón, Franco la consideró la forma de organización ideal hasta que en la Guerra Civil demostró sus limitaciones.

En la primera mitad de 1921 la columna de Sanjurjo realizó fundamentalmente operaciones de limpieza. La bandera de Franco tuvo una actuación muy destacada, especialmente en la acción que realizó el 29 de junio, durante la ocupación de la Posición Muñoz Crespo, cuando rescató los cadáveres de los policías indígenas caídos en acción. Sanjurjo, cuya vinculación con Franco era cada vez más estrecha, felicitó al comandante "por sus excepcionales condiciones de competencia, actividad y valor en todos los combates a que asistió con su columna, distinguiéndose de manera notable y demostrando poseer condiciones de mando para el desempeño del empleo superior". Poco después, su unidad se incorporaría al cerco de la guarida del Raisuni en Tazarut. Sin embargo, esta campaña tuvo que detenerse como consecuencia de la mayor derrota española en Marruecos: el derrumbamiento de la Comandancia Militar de Melilla, conocido también como el "desastre de Annual".

Esta catástrofe tuvo su origen en la campaña terrestre que puso en marcha el comandante general de Melilla general de división Manuel Fernández Silvestre con el objetivo de conquistar la bahía de Alhucemas y acabar con la rebelión de Abd el-Krim. La campaña comenzó el 15 de mayo de 1920 con la conquista española de Dar Drius y finalizó el nueve de agosto de 1921 con una debacle completa que causó la muerte de 13.363 hombres –10.973 españoles y 2.390 indígenas–, entre ellos

Fernández Silvestre, según el informe instruido por el general de división Juan Picasso. A estas cifras había que unir otro hecho que tendría importantes consecuencias: muchos prisioneros fueron torturados brutalmente hasta la muerte y los cadáveres españoles fueron mutilados y profanados. Estos hechos provocaron una ola de venganza hacia los rifeños que afectó también a los no combatientes, desencadenándose entonces una auténtica Guerra Total, que abrió una ventana de oportunidad para el empleo de gases tóxicos y del bombardeo aéreo con artefactos incendiarios y químicos contra poblados, cosechas y ganado, así como su ametrallamiento, a semejanza de lo que Bugeaud –con diferentes medios– había hecho en Argelia ochenta años antes. Los legionarios participaron en esta dinámica como Franco reflejó en su obra *Diario de una bandera* (1922): "¡alto el fuego! ¡no tiren a esas que son moras!, ordena un capitán que con los gemelos observa el campo; los soldados cesan en sus fuegos y a un legionario viejo, oímos murmurar: «¡pero si son fábricas de moritos!». Reímos la ocurrencia y recordamos que, en el desastre, las mujeres fueron las más crueles, remataban los heridos y les despojaban de sus ropas, pagando de este modo el bienestar que la civilización les trajo".

Esta obra también contenía una reflexión de su autor que coincidía con el fracasado proyecto de Fernández Silvestre: "Alhucemas es el foco de la rebelión antiespañola, es el camino de Fez, la salida corta al Mediterráneo, y allí está la clave de muchas propagandas que terminarán el día que sentemos el pie en aquella costa". El entonces comandante defendía una visión estratégica que se había convertido en lugar común de la mayoría de sus compañeros *africanistas*, máxime tras la fundación de la República del Rif el 18 de septiembre de 1921.

Esta fracasada campaña tuvo otra consecuencia: Melilla quedó completamente desprotegida. Para evitar su captura, una fuerza al mando del ya general de brigada Sanjurjo, de la que formaban parte la I y II Bandera del Tercio, se trasladó inmediatamente a esta urbe a bordo del vapor *Ciudad de Cádiz* el 24 de julio. Nada más desembarcar, Franco arengó a sus tropas y las hizo desfilar por la ciudad para levantar la moral de los vecinos. En los días posteriores su bandera tuvo un papel clave en el abastecimiento de los blocaos y las posiciones cercanas a Melilla, labor difícil, que cumplió con suficiencia y pocas bajas, otra característica del entonces comandante que le proporcionó un respeto entre sus hombres. También participó, al frente de las dos banderas legionarias, en las acciones ofensivas que se pusieron en marcha con el objetivo de recuperar el terreno perdido por Fernández Silvestre.

La más significativa fue la ocupación del Monte Uixan, desde el cual los cabileños hostigaban el importante campamento de Segangán, el 18 de noviembre. Este macizo montañoso no solo tenía grandes pendientes y barrancas profundas, sino que también estaba fuertemente fortificado y defendido, lo que imposibilitaba un asalto a pleno día. Franco, tras estudiar cuidadosamente el terreno, diseñó un plan para atacar al enemigo al amanecer. Para ello, organizó una marcha nocturna sin artillería, ganado, cigarrillos y soldados constipados porque podían alertar a los cabileños. La marcha fue un éxito y el asalto se produjo con las primeras luces del día sorprendiendo completamente a los defensores, que tuvieron numerosas bajas, a diferencia de los legionarios. En esta acción, el joven comandante demostró de nuevo su liderazgo y un manejo táctico eficiente de unidades tipo batallón. Esta última capacidad resultaba especialmente reseñable porque en todos los ejércitos del mundo quien la posee se considera un eficiente conductor de hombres en combate, pues se trata de la unidad operativa de infantería más grande que actúa individualmente. El resto –regimientos, brigadas y divisiones– son simplemente una suma de batallones.

Sanjurjo, a cuyas órdenes sirvió Franco en este periodo, no solo le felicitó por este éxito, sino que posteriormente le propuso para el ascenso a teniente coronel por las acciones que había realizado entre el 25 de julio de 1921 y el día 31 de enero de 1922. Sin embargo, la legislación había cambiado, y ahora estos premios se concedían tras un juicio contradictorio, lo que los ralentizaba en el tiempo. También recibió la segunda condecoración más importante del Ejército español, la Medalla Militar Individual, que le fue concedida el treinta de junio de 1922. Finalmente, su buen hacer al frente de los legionarios prestigiaron al Tercio de Extranjeros, que elevó el número de sus banderas a cinco: dos a las órdenes de Franco en la zona oriental y tres (III, IV y V) a las de Millán Astray en la occidental.

El año 1922 fue un año clave en la carrera de Franco. Por primera vez sus hombres operaron junto a carros de combate, los *Renault FT-17* (6,5 toneladas, armados con un cañón de 37 mm), el 18 de marzo en la ocupación de Tuguntz, en la zona occidental. El futuro Generalísimo, en su obra *Diario de una bandera*, analizaría esta arma, dándole particular importancia: "los carros de asalto y tanques son de gran aplicación en esta guerra; veremos si el tiempo me da la razón. […] No quiero decir con esto que el carro de asalto vaya a solucionar la campaña, pero sí que ha de ser un poderoso elemento para nuestra acción militar, y su empleo en mayor número encajará dentro de las aspiraciones de la Nación de reducir los efectivos que en África combaten. La construcción de un tanque ligero, con más de un tirador, especial para Marruecos, aumentaría la eficacia y radio de acción de esta arma. Las unidades de tanques tienen un valor que hoy parece desconocerse, y no hay que olvidar que lo más caro en esta guerra no es el material, sino los hombres".

Estas reflexiones se situaban en la misma línea que las de otros militares europeos que consideraban el avión, el carro de combate, la ametralladora y el fusil ametrallador como armas que permitían reducir las tropas en los territorios de ultramar: "en la organización militar del Protectorado, el empleo de las modernas armas automáticas con la organización de batallones de ametralladoras y fusiles ametralladores permitirá en el porvenir la reducción de las numerosas guarniciones de posiciones y los servicios de aprovisionamiento, lo que, unido a las modernas unidades de tanques, ha de ser la más firme base para la reducción de nuestros efectivos". Sin embargo, la opinión de Franco era muy conservadora, derivada de las experiencias de la Primera Guerra Mundial: el carro de combate era un vehículo para acompañar y proteger a la infantería, y el avión, una forma de artillería aérea para facilitar su avance. En este sentido, coincidía con la mayor parte de los generales europeos y norteamericanos. Pero también mostraba que no estaba al tanto de las nuevas tácticas que se estaban desarrollando en Europa por los británico John F. Fuller o Basil Liddell Hart, el alemán Heinz Guderian, el italiano Giulio Douhet, o el ruso Mihail Tujachevski, en las que se defendía el empleo de tanques en masa de forma autónoma para romper el frente y el uso de avión como arma estratégica.

Siete días después de este combate, participó al frente de sus dos banderas en la ocupación de Tamasusi y el día 17, de Chaif. En estas operaciones, "los camiones blindados y carros de asalto avanzan por el llano y orillas del Kert, manteniendo a raya al enemigo. Las baterías dispersan las concentraciones enemigas, que intentan acercarse desde Midar", escribió en *Diario de una bandera*. Franco comprendió muy pronto que estos vehículos eran muy útiles para mover con rapidez a sus hombres.

En los meses siguientes el comandante siguió operando al frente de sus banderas en numerosas operaciones: el 17 de septiembre, en la ocupación de Sebt y Ublad Dan; el diez de octubre, para la toma de la Esponja Alta; el 28 de octubre, en la conquista de Tizzi Azza, o el dos de noviembre, en los combates de Yazanan y Tifasor. En estas acciones, Franco no solo realizó asaltos frontales efectivos, sino que también organizó posiciones defensivas, como ocurrió en Tizzi Azza, y repliegues ordenados. La guerra defensiva comenzó a convertirse en otra de sus especialidades como militar.

No obstante, esta solvente trayectoria quedó truncada momentáneamente como consecuencia del conflicto existente en el Ejército desde 1917 tras la aparición de las Juntas de Defensa. Estas asociaciones, creados por militares *peninsulares*, eran contrarias a los ascensos por méritos de guerra que beneficiaban a sus compañeros *africanistas*. En enero de 1922 se convirtieron en Comisiones Informativas dentro del Ministerio de la Guerra, ejerciendo una gran influencia. Millán Astray manifestó su oposición pública a estos organismos y fue cesado el tres de noviembre de 1922. Cuatro días después, solicitó la baja en el Ejército. Franco se puso al lado de su jefe y pidió la disolución de esas comisiones. Esta toma de posición provocó que no fuera designado como sustituto de Millán Astray, siendo elegido para mandar el Tercio un teniente coronel muy prestigioso: Rafael de Valenzuela y Urzaiz, fundador del Grupo de Regulares de Alhucemas, que tomó posesión de su nuevo cargo el dos de diciembre de 1922.

El 27 de diciembre de 1922 Franco pidió entonces destino en el Regimiento de Infantería del Príncipe n.º 3 para poder casarse con Carmen Polo. Alfonso XIII, que le tenía en alta estima, le nombró gentilhombre de cámara el 23 de enero de 1923. Sin embargo, no estaría mucho tiempo en Asturias. El cinco de junio murió el teniente coronel Valenzuela en el asalto frontal a Peña Tahuarda cuando trataba de socorrer la posición sitiada de Tizzi Azza. Tres días después el consejo de ministros le ascendió al empleo de teniente coronel con fecha de 31 de enero de 1922 y le nombró jefe del Tercio de Extranjeros. Su enlace matrimonial tuvo que posponerse.

El futuro generalísimo tenía entonces treinta años y estaba al frente de la unidad más prestigiosa del Ejército. El 22 de agosto participó en la operación de socorro a la importante posición de Tifarauin, en la zona oriental donde Abd el-Krim lideraba la rebelión más importante contra España. Esta acción fue de suma importancia porque participaron 30.000 hombres y en su desarrollo los militares españoles utilizaron tácticas que habían triunfado en la Primera Guerra Mundial, adaptándolas a Marruecos. Primero, la artillería bombardeó las posiciones cabileñas con gas fosgeno y, a continuación, convergieron sobre el objetivo las columnas de la derecha –formadas fundamentalmente por tropas indígenas y el Tercio–. Paralelamente, en la playa de Afrau se produjo el desembarco de marinos españoles, a espaldas de los insurgentes. Franco realizó una maniobra clásica en su concepción y audaz en su ejecución, que posteriormente repetiría en la Guerra Civil. Ordenó a los Regulares que fijaran al enemigo, y, al frente de la I y II Bandera, llevó a cabo un movimiento de flanqueo, envolviendo al enemigo y enlazando con las fuerzas desembarcadas. A continuación, los legionarios asaltaron las casas y fortificaciones de los rifeños provocando su retirada. El resultado fue una derrota de las fuerzas del cadí de Beni Urriagel. El Ejército español tuvo 437 bajas: 120 muertos –12 oficiales y 108 soldados– y 317 heridos –23 oficiales europeos, dos indígenas y 292 soldados de. tropa–. La solvente actuación de Franco en este combate abrió el juicio contradictorio para su ascenso a coronel que se oficializó el seis de febrero de 1925, con fecha de 31 de enero de 1924.

Poco después se produjeron dos hechos que marcarían su vida. El primero, el golpe de Estado del teniente general Miguel Primo de Rivera y Orbaneja el 13 de septiembre. Este acontecimiento no solo supuso el fin del régimen liberal de la Restauración, sino que llevó al poder a un militar conocido por su posición "abandonista" de Marruecos. Así lo había manifestado en el Senado el 25 de noviembre de 1921: "tengo la opinión modesta pero firme (que no he logrado llevarla al de muchos más), que tener un soldado en la otra orilla del Estrecho es estratégicamente una debilidad para España. Creo esto desde el punto de vista técnico". El dictador iba a aplicar una política articulada sobre dos vectores. El primero, intentar negociar la paz en ambas zonas, teniendo como interlocutores a Abd-el-Krim y al Raisuni, mientras se mantenían las posiciones conquistadas. El segundo vector dependía del fracaso del primero, y tenía como centro la zona oriental. El Ejército se retiraría a una línea defensiva más coherente desde donde desencadenaría una doble dinámica. Por un lado, bloquear totalmente el Rif, evitando la llegada de armas, municiones y alimentos. Por otro, atacar desde el aire, empleando bombas convencionales, incendiarias y químicas. Este repliegue tendría una segunda derivada: el centro de gravedad de la rebelión se desplazaría a la zona francesa.

El segundo acontecimiento sería su boda con Carmen Polo el 16 noviembre en la parroquia de San Juan de Oviedo. El padrino fue Alfonso XIII representado por el general de brigada de Infantería Antonio Olsada, gobernador militar de la ciudad. Este apadrinamiento demostraba el prestigio del joven teniente coronel y la estima del monarca. Franco, tras una corta luna de miel, regresó a Marruecos el treinta de noviembre.

La situación había cambiado como consecuencia de los planes de Primo de Rivera. Los *africanistas* no solo se iban a oponer públicamente a ellos, sino que iban a fundar la *Revista de Tropas Coloniales*, dirigida por el general de brigada de Caballería Gonzalo Queipo de Llano. Franco sería uno de sus articulistas más asiduos, plasmando en sus páginas su posición contraria a los proyectos del dictador, por un lado, y exponiendo sus planteamientos militares, por otro. Precisamente, en el segundo número, correspondiente a febrero de 1924, publicaría un artículo titulado "La maniobra" donde recogía una idea fundamental que posteriormente desarrollaría como director de la AGM: la doctrina militar española debía fundarse en las enseñanzas adquiridas en Marruecos: "el combate moderno con sus aumentos de material, municionamiento, transportes, artificios de guerra, aviación, etc. etc. se complicó en forma tal, que requiere en el mando una preparación y estudio indispensable al éxito, necesidad que ha servido para que los que se titulan nuestros técnicos militares pretendan definirnos la guerra del mañana y que se desprecie el limitado horizonte de la guerra colonial, volviendo la espalda al único campo de experimentación y maniobra".

Sin embargo, estos artículos no modificaron la posición de Primo de Rivera. En enero de 1924, Abd-el-Krim solicitó el ingreso de la República del Rif en la Sociedad de Naciones. Paralelamente, a partir de febrero, desencadenó un ataque contra las posiciones españolas en la zona occidental, que se convirtieron en el blanco principal de sus esfuerzos bélicos durante los meses siguientes, cercando Coba Darsa, hostilizando las comunicaciones entre Xauen y Tetuán, y atacando las posiciones de la zona de Larache. Esta ofensiva convenció a Primo de Rivera de la necesidad de realizar una retirada general. El treinta de mayo de 1924 se aprobó el plan para establecer una nueva línea de defensa, bautizada como "Estella". En la zona occidental, se debía proteger la vía de ferrocarril que unía Tánger con Fez, y las carreteras entre Tánger, Tetuán y Ceuta, mientras que Xauen sería abandonada. En la oriental, las tropas retrocederían 15 kilómetros, situándose en las posiciones que correspondían a los campos de batalla de 1921. Esta operación suponía la reducción de las tropas presentes de 125.000 a 50.000 soldados y el presupuesto de Marruecos a cien millones de pesetas.

Los *africanistas* rechazaron esta propuesta y se enfrentaron directamente con el dictador el día 19 de julio durante un almuerzo celebrado en el campamento del Tercio en Ben Tieb. Franco fue uno de los principales protagonistas de este incidente hasta el extremo de que, finalizada la comida, Primo de Rivera se lo llevó a parte para expresarle su disgusto. El teniente coronel ofreció entonces su renuncia que el dictador no aceptó. Es más, resulta probable que, tras este enfrentamiento, Primo de Rivera cambiase sus planes abandonistas iniciales, limitándolos a la zona occidental.

Franco participó en la campaña de retirada de este territorio, destacando en la muy difícil evacuación de Xauen. Al frente de cinco banderas, Franco protegió la salida de las fuerzas de esta ciudad. El repliegue tuvo lugar en tres fases. La primera, se desarrolló entre esa ciudad y Dar Akoba el 17 de noviembre; la segunda, entre esa posición y el Zoco el Arbaa de Beni Hasan y Fondaq el Amin, el 19 de noviembre, y la tercera, desde esas posiciones a Taranes y Ben Karrich, el 11 y 12 de diciembre. La operación terminó con la llegada de las fuerzas españolas a Tetuán, pero también con la entrada de Abd-el-Krim en Xauen el 14 de diciembre, donde se apoderó de un importante botín, incluido un hospital de campaña completo. El entonces teniente coronel demostró de nuevo su capacidad para la dirección de operaciones de retirada muy complicadas al frente de unos 3.000 hombres.

El 28 de enero de 1925 culminó el repliegue en la zona occidental del Protectorado. Las tropas españolas habían logrado situarse tras la "Línea Estella". No obstante, la operación había sido un desastre desde el punto de vista humano. El número de bajas fue enorme: entre los 8.000 muertos y heridos de Payne hasta los 18.000 de Balfour, pasando por los 13.500 de Fontela Ballesta. En este mes, coincidiendo con el final de un plan que siempre había rechazado, Franco publicaba un nuevo artículo en la *Revista de Tropas Coloniales* con el titulo "El empleo táctico de la Artillería", donde podía leerse: "la Infantería necesita de su hermana artillera el enlace íntimo, y que se aparten añejos prejuicios que reteniendo a la Artillería como reserva del mando privan a la Infantería de su íntimo apoyo, y dan por resultado que los fuegos artilleros sean tardíos o inoportunos". Estas ideas ya las había defendido con anterioridad y que más tarde las enseñaría en la AGM.

Poco después de que se publicase este artículo, el seis de febrero, Franco se convertía en el coronel más joven del Ejército español con solo 32 años. Este ascenso suponía tener que abandonar a sus legionarios, pero diez días después el EMC tomó la decisión de transformar esta unidad, que pasó a denominarse Tercio de Marruecos y posteriormente El Tercio. Este cambio de nombre también supuso una modificación en su estructura y mando, que pasó a estar en manos de un coronel, Franco, del que dependían dos legiones al mando de tenientes coroneles, adscritas a las comandancias generales de Melilla y Ceuta. Cada una de las legiones estaba compuesta por una plana mayor de mando y administrativa y cuatro banderas, de tres compañías de fusiles, una compañía de ametralladoras con cuatro máquinas Hotchkiss, una sección con dos morteros y una sección de obreros y explosivos. También se añadió una unidad de reconocimiento formada por un escuadrón de 166 hombres a caballo. Estas transformaciones hicieron crecer la unidad hasta los 8.023 hombres –251 oficiales y 7.772 suboficiales y soldados– y 1.370 cabezas de ganado. La nueva estructura no satisfizo las ambiciones de Franco, que había propuesto que El Tercio se convirtiese en una brigada orgánica, es decir operativa, con un grupo de Artillería y una bandera de Caballería como unidad de reconocimiento. Por el contrario, el EMC había creado una unidad administrativa. No obstante, a pesar de esta carencia, era sin duda el mando más importante que podía tener un militar de su empleo e incluso un general de brigada. Sin embargo, al carecer de estructura orgánica, nunca actuaría como una gran unidad, sino como banderas adscritas a diferentes columnas.

Este cambio en el tamaño de El Tercio reflejaba una dinámica de enorme trascendencia: la transformación del Ejército de Marruecos desde 1909. La fuerza improvisada e ineficaz de la primera campaña de Melilla en 1909 se había convertido en una organización militar muy eficiente, bien armada, instruida y coordinada por radio. Las tropas de reemplazo solo se utilizaban en labores de baja peligrosidad, mientras que los profesionales –legionarios y Regulares (13.537 hombres)– actuaban como fuerzas de choque. La existencia de este instrumento de guerra y la desaparición del temor a que las bajas de soldados españoles provocasen tensiones en la opinión pública, hizo posible que se impusiera la vía militar para resolver definitivamente el problema de Marruecos. Esta estrategia suponía apostar por un desembarco en la bahía de Alhucemas. Acción que no solo pondría fin a la rebelión de las cabilas, sino también a la posibilidad de que la República del Rif se transformara en un foco de acción comunista, o que fuera utilizada por Francia para incomodar a Reino Unido. En marzo de 1925 se realizó un asalto anfibio exitoso en Alcazarseguer –entre Ceuta y Tánger– como prolegómeno. En esta acción participó Franco. A bordo del guardacostas *Arcila* coincidió por primera vez con el alférez de navío Luis Carrero Blanco. Sin embargo, el dictador seguía sin estar convencido de la solución militar, priorizando todavía la negociación, que no pudo culminarse porque Abd-el-Krim rechazó cualquier acuerdo. Poco después, el líder rifeño cometió el mayor error de su vida pública: atacar la Zona francesa.

La derrota de los soldados galos en la batalla del Uarga librada en abril provocó la llegada del mariscal de Francia Philippe Pétain a Marruecos el 17 de julio de 1925 para sustituir al de igual empleo Louis Hubert Lyautey —residente general entre 1912 y 1925—. La primera decisión del héroe de Verdun fue recuperar la moral de sus tropas, actuando igual que Bugeaud en 1840: concedió numerosas condecoraciones, mejoró la alimentación, entregó gratuitamente tabaco y potenció los servicios postales. Igualmente, y como los *africanistas* españoles, comprendió que el problema al que se enfrentaba era estrictamente castrense. Por tanto, priorizó la colaboración con España, entrevistándose con Primo de Rivera el 26 de julio para planificar una acción conjunta que culminaría en el desembarco de Alhucemas, coordinado con una gran ofensiva terrestre francesa. Franco celebró esta alianza en un artículo titulado "Mirando a Francia" en el número de junio de la *Revista de Tropas Coloniales*: "rotos los diques de las pasiones políticas, descubiertas a la faz de Europa las ocultas protecciones a la rebelión rifeña por entidades bancarias y sectores comunistas, sólo nos queda desear que la colaboración anunciada la común inteligencia entre las dos naciones llamadas a intervenir en la civilización".

No obstante, la presencia de este militar sería decisiva para Franco por otra razón. El mariscal estaba convencido de que podía aplicar en Marruecos su doctrina de la *Bataille Conduite* (Batalla Preparada) que venía preconizando desde comienzos de los años veinte, para destruir completamente las fuerzas de Abd-el-Krim. En esta forma de combate, el uso masivo de la artillería y la aviación se combinaba con la sincronización completa entre las diferentes Armas, en terrenos previamente preparados para el combate. El resultado final era un avance escalonado donde primero se producía el bombardeo artillero y aéreo, a continuación, el avance de los carros de combate, y detrás de ellos, la infantería. Pero, paradójicamente este planteamiento dio poco resultado cuando lo puso en práctica en Marruecos. Los rifeños rechazaron el combate contra fuerzas muy superiores. Ante el fracaso de las tácticas europeas, Pétain optó por dividir sus fuerzas en brigadas ligeras de seis batallones que apoyarían en un segundo escalón a la vanguardia integrada por tropas indígenas y profesionales. La aviación actuaría como artillería aérea. Exactamente igual que hacían sus colegas españoles. Este triunfo de las tácticas *africanas* también entre los franceses demostró al entonces coronel que, para el futuro, la doctrina militar española debía basarse en ellas, ya que era en Marruecos donde probablemente España entraría en conflicto.

El desembarco de Alhucemas se produjo el ocho de septiembre de 1925. Franco participó al frente de dos banderas, la VII y la VIII, como extrema vanguardia de la brigada mandada por el general Leopoldo Saro Marín. En esta operación volvió a demostrar no solo su capacidad de liderazgo, sino también autonomía en el mando, ya que, a pesar de los estudios que la Armada había realizado, la zona donde debían desembarcar sus hombres tenía una profundidad de un metro y medio. Primo de Rivera ordenó el regreso de las tropas, ya que la operación no se podía realizar, pero Franco le desobedeció: "los «pacos» [francotiradores] habían empezado a disparar. Me hice cargo de la situación y pensé que nuestros soldados iban a quedar, a partir de entonces, con la moral por los suelos. Aquello podía interpretarse como un fallo de la operación. Naturalmente perderían también la confianza en sus jefes. Creí que los rifeños, sin embargo, se reforzarían pensando en que nos habían rechazado. Así que me creí en la obligación de dar la orden: «¡Al asalto!». Al corneta que venía a mi lado le indiqué: «Da la consigna». El corneta tronó: «Legionarios a luchar, legionarios a morir...». Los legionarios saltaron al agua y realizaron el desembarco. Se ayudaban entre sí. Era verdaderamente emocionante. Ganamos los primeros puestos y se consumó la operación. Eso fue todo".

Tras llegar a la playa, Franco procedió a fortificar la cabeza de puente: "tras el desembarco de Alhucemas, me correspondió fortificar el amplio sector cubierto por la Legión, en lo que puse toda mi atención y cuidado con tal suerte o acierto que llamó ampliamente la atención por su originalidad y eficacia, siendo compartido este juicio por el general en jefe don Miguel Primo de Rivera, que lo visitó. [...] Este tema de fortificación había de ser materia a la que dediqué preferente atención toda mi vida". El éxito del entonces coronel fue reconocido por un militar con el que siempre mantuvo una relación distante y que en los prolegómenos de la Guerra Civil sería su principal rival: Manuel Goded Llopis. "Una línea admirablemente elegida que acredita la visión táctica del coronel Franco".

Alhucemas supuso el principio del fin del conflicto que oficialmente terminó el ocho de julio de 1927 cuando el entonces Alto Comisario de España en Marruecos, el teniente general Sanjurjo, emitió el último parte de guerra. El desembarco también fue el punto culminante de la carrera de Franco en este territorio, ascendido a general de brigada el tres de febrero de 1926 con tan solo 33 años. También de la de Goded, general de división desde el uno de octubre de 1927 a los 44 años. Por el contrario, no proporcionó ninguna recompensa a Mola porque no participó en el asalto anfibio. Esta ausencia puede explicarse porque su mentor era Alto Comisario de España en Marruecos cuando se produjo el desastre de Annual, cayendo en desgracia hasta el punto de que sería procesado por esta catástrofe. La pérdida de influencia de Dámaso Berenguer fue paralela al ascenso de Sanjurjo, hombre de confianza e íntimo amigo de Primo de Rivera, y tuvo inmediatas consecuencias en la carrera de Mola. Entre el 25 de agosto y el 29 de septiembre había defendido Dar Akobba al frente del Grupo de Fuerzas Regulares Indígenas de Larache n.º 4, posición clave para salvaguardar la retirada de Xauen, que luego dirigió Franco. Esta acción fue una de las páginas más brillantes del Ejército español en Marruecos, como reconoció Guillermo Cabanellas, hijo del general *africanista* Miguel Cabanellas Ferrer. Sin embargo, solo fue premiada con la concesión de la Medalla Militar Individual a su protagonista, cuando probablemente también se merecía un ascenso por méritos de guerra. En ese momento Mola era más antiguo que Franco, ya que había ascendido a teniente coronel el 25 de mayo de 1921. Un ascenso a coronel con la fecha del final de esa acción le hubiera permitido mantener esa ventaja. Poco después, su ausencia en el célebre desembarco le impidió beneficiarse de la lluvia de premios que llevó aparejada esta acción. Tras Alhucemas, pudo volver a Marruecos. Fue ascendido a coronel con fecha del uno de octubre de

1925 y a general de brigada dos años después. Sin embargo, ya estaba detrás de su compañero en el escalafón, lo que tendría importantes consecuencias en el futuro.

Boda del teniente coronel Francisco Franco con Carmen Polo en Oviedo el 16 de noviembre de 1921.

Un general instructor (1926-1931)

La llegada al generalato convirtió a Franco en un personaje público prestigioso. El Gobierno así lo entendió y con el pleno acuerdo de Alfonso XIII le nombró jefe de la I Brigada de Infantería, acuartelada en Madrid y formada por los regimientos Inmemorial del Rey n.º 1 y de León n.º 2, al completo de efectivos. Sin embargo, en este importante mando iba a permanecer poco tiempo, ya que el veinte de febrero de 1927 Primo de Rivera decidió reinstaurar la AGM con sede en Zaragoza donde se formarían los futuros oficiales del Ejército español, acabando así con el sistema de centros de formación específicos para cada Arma y Cuerpo que existía en ese momento. Franco fue nombrado su director el cuatro de enero de 1928.

La elección del joven general era lógica ya que, si bien no había ejercido la docencia en ningún momento de su vida militar, ni tampoco tenía formación en Estado Mayor, presentaba una serie de características que le hacían idóneo para este mando:

- Era muy joven y por tanto un modelo cercano para los cadetes.
- Era un líder militar y un conductor de hombres.
- Tenía un importante prestigio en el Ejército por su solvente actuación en combate.
- Su imagen pública era excelente.

- Tenía capacidad organizativa, como había demostrado en El Tercio.
- Tenía una notable preocupación por los servicios y la logística.
- Era un buen táctico, tanto en la ofensiva como en la defensiva.

Una vez nombrado para ese mando, y con el objetivo de conocer las últimas tendencias en la enseñanza militar que se estaban desarrollando en Europa, Franco visitó las academias de los dos países cuya doctrina militar más había influido en España durante la época contemporánea. Primero la *École Spéciale Militaire de Saint-Cyr*, donde se formaban los oficiales franceses. En este centro profundizó en el conocimiento de la doctrina francesa de la potencia de fuego, cuyo lema era *Le feu tue* (el fuego mata), y cuya clave de bóveda era el empleo de la artillería para apoyar el avance de la infantería bajo la máxima de que "el cañón conquista, la infantería ocupa". Posteriormente se trasladó a la *Infanterieschule der Reichswehr* en Dresde (Alemania) donde se formaban los cadetes de todas las Armas y Cuerpos, pero también recibían formación específica los de Infantería y Tren automóvil (*Pioneer* en alemán). En los años veinte la doctrina militar dominante en este país –desarrollada por el coronel general (general de ejército) Hans von Seeckt– era muy similar a la francesa, denominándose "armas combinadas", donde se incluía la aviación y los carros de combate, junto a las armas tradicionales –infantería, caballería, artillería e ingenieros–, aunque las dos primeras estuvieran prohibidas por el Tratado de Versalles (1920). En Dresde asistió a un ejercicio táctico de una unidad tipo batallón en el que se emplearon automóviles simulando carros de combate, aunque no como él defendía: "muy separados unos de otros y sin tropas que les sigan me pareció poco real e ineficaz. […] El ataque de aquellos tanques no fue simultáneo por el de las tropas, como parecía natural". No obstante, hubo un aspecto que le impresionó del Ejército alemán: la importante dotación de material, especialmente en las compañías de ametralladoras, que disponían de 12 armas, tres por sección más otras tres de reserva. Para Franco, defensor de la potencia de fuego por encima de una enorme masa de soldados, un número tan elevado de armas era un gran acierto.

Estos viajes le convencieron de una idea que ya había madurado en Marruecos: la necesidad de dotar al Ejército español de una doctrina militar propia y no inspirada en otros países, particularmente Francia. Durante los años veinte se había copiado el modelo francés en el *Reglamento para el empleo táctico de las Grandes Unidades* (1925), recogiendo las experiencias del Ejército galo en el Frente Occidental durante la Primera Guerra Mundial, donde el avance de las enormes masas de infantería debía ser protegido por la artillería, la aviación y los carros de combate. Sin embargo, este planteamiento fracasó en Marruecos, como el mismo Pétain había comprobado, obligándole a formar columnas más pequeñas y móviles. Franco consideraba que estas ideas no eran aplicables a España porque difícilmente iba a luchar en un conflicto europeo. En este sentido coincidía con su principal enemigo en la Guerra Civil el entonces capitán de Estado Mayor Vicente Rojo Lluch, defensor de "pensar en español y hacer en español; ahí está el verdadero nudo de nuestra independencia intelectual y de nuestra eficacia militar". En ambos casos se trataba de una visión limitada y errónea porque a priori resultaba imposible determinar el futuro enemigo y era una demostración de un axioma muy utilizado en el mundo castrense: los ejércitos siempre se preparan concienzudamente para librar la última guerra en la que han combativo y no para la siguiente. La Guerra Civil haría a ambos militares replantearse sus ideas.

Sobre la base de sus experiencias en Marruecos y su trayectoria en la Academia de Infantería de Toledo, Franco iba a formar a los cadetes de acuerdo a las siguientes ideas:

1) Prioridad de las enseñanzas práctica, particularmente las militares, sobre las teóricas. Para hacer factible este planteamiento optó por seleccionar el profesorado entre sus compañeros *africanistas*: el jefe de Estudios fue el coronel Miguel Campins, y entre los profesores se encontraban sus compañeros de promoción Emilio Esteban-Infantes y Alonso vega, su primo Francisco Franco-Salgado Araujo, o el teniente coronel de Caballería José Monasterio.

2) Prohibición de los libros de texto, reemplazados por guiones elaborados por los profesores y aprobados por el directo, y de los exámenes, sustituidos por la evaluación continuas: "ni textos ni exámenes" dijo Franco a los profesores. También estaban prohibidas las clases magistrales.

3) Introducción de nuevas tecnologías como el proyector de cuerpos opacos, el cinematógrafo y el kinamo (aparato especial para cinematografía científica).

4) Ausencia de asignaturas de idiomas modernos porque supuestamente los cadetes ya habían demostrado que sabían alguno y tenían la

obligación de no olvidarlo durante sus cinco años en la academia. Esta omisión solo puede explicarse porque Franco y sus profesores solo consideraban válidas las enseñanzas españolas.

5) Defensa de un modelo de oficial heroico, que entroncaba con el *africanismo*.

6) Principios tácticos y doctrinales basados en la experiencia de Marruecos:

> a) Importancia de la Geografía del norte de este país y de su proceso de conquista en el programa de estudios.
>
> b) Cooperación interarmas para facilitar la acción de la infantería en el campo de batalla. Este principio era factible de desarrollar porque en la academia se formaban a los oficiales de todas las Armas y Cuerpos.
>
> c) Empleo de la columna como unidad interarmas principal. Así los cadetes estaban organizados como una unidad de este tipo, como reflejó el *Heraldo de Aragón* el 14 de noviembre de 1930: dos compañías de fusiles, una de ametralladora, una batería de artillería y una compañía mixta de ingenieros.
>
> d) Asalto frontal y maniobras de flanqueo como tácticas más efectivas.

Junto a estos seis puntos, existe un séptimo que resulta difícil de documentar: la ideología que se transmitía en este centro. Algunos militares contemporáneos como los coroneles republicanos Antonio Cordón y Jesús Pérez Salas y académicos como Julio Busquets han llegado a definir esta academia como una cuasi fábrica de fascistas, argumentando que más del 90% de 701 alumnos que conformaron sus tres promociones –1928, 1929 y 1930– se unieron a la sublevación de 1936. Sin embargo, Fernando Puell ha comprobado que si bien 508 (72%) se sublevaron, no se sabe el destino de los otros 193 (28%), que bien pudieron servir a la República, en la misma proporción por tanto que los oficiales formados en otros centros de enseñanza. Por último, queda una cuestión por responder: ¿era una academia moderna? El ministro de la Guerra francés André Maginot que la visitó el 27 de octubre de 1930 la calificó como "el centro más moderno del mundo". Desde un punto de vista formal si lo era, o al menos estaba entre los más modernos, por el tipo de pedagogía y tecnología que empleaba, pero no en relación con los contenidos que se impartían. Los cadetes se formaban en función de las experiencias adquiridas por sus profesores en Marruecos, pero desconocían las doctrinas más revolucionarias del periodo de entreguerras. Tampoco se le animaba a ser autodidactas, ya que no se incluían los idiomas modernos en su plan de enseñanza. El resultado eran unos oficiales capacitados para librar una "guerra española" en Marruecos, no para luchar con solvencia un conflicto moderno. En este sentido, eran un reflejo de su director y de sus docentes.

Durante su estancia en Zaragoza Franco recibió su segunda Medalla Militar Individual el 14 de noviembre de 1928 por sus acciones en la retirada de Xauen en octubre de 1924. Alfonso XIII se la impondría el ocho de junio de 1930. Menos de un año después, el 14 de abril de 1931, cayó la monarquía.

III. EL INTERIN REPUBLICANO
(1931-1936)

Franco y el ministro de Defensa francés (André Maginot) en la Academia de Zaragoza (1930).

Franco con Gil Robles en la II República.

Baleares: ¿destierro?

Tras la proclamación de la II República el 14 de abril de 1931, una de las primeras decisiones del nuevo ministro de la Guerra del Gobierno Provisional Manuel Azaña Díaz-Gallo fue ordenar el cierre de la AGM. Franco quedó desolado por esta decisión, que consideró injusta como quedó patente en su célebre discurso a los cadetes el 14 de junio: "¡disciplina!..., que reviste su verdadero valor cuando el pensamiento aconseja lo contrario de lo que se nos manda, cuando el corazón pugna por levantarse en íntima rebeldía o cuando la arbitrariedad o el error van unidos a la acción del mando". Azaña tuvo conocimiento de su contenido un mes después, anotando en su diario: "completamente desafecto al Gobierno, reticentes ataques al mando; caso de destitución inmediata, si no cesase hoy en el mando. Le paso la alocución al asesor, para que vea si hay materia punible. Me entrega un informe escrito, diciendo que no se puede proceder en forma judicial; que cabría gubernativamente corregirlo". Azaña tomó en consideración este consejo y el veinte de julio acordó con su subsecretario, el general de brigada Enrique Ruiz-Fornells Regueiro, "la redacción de un texto corrigiendo al general Franco por su alocución de despedida a los cadetes de la Academia", aunque considerase que esta decisión "puede tener consecuencias...". El resultado fue la única nota negativa que aparece en su hoja matriz de servicios, con fecha de 22 de julio de 1931.

Azaña no solo reprendió al general, sino que además le consideró el enemigo más importante de la República dentro del Ejército: "Franco es el más temible" y "Franco es el único temible" escribió en su diario los días 12 y 13 de agosto de 1931 respectivamente. Sin embargo, no quiso acabar con su carrera militar. El nueve de marzo de 1932 salió publicada en la *Gaceta de Madrid* una ley que permitía pasar a la reserva a los generales que llevaban "más de seis meses en situación de disponibles". Esta norma no afectó a Franco porque Azaña, que además de ocupar el departamento de Guerra era también presidente del Consejo de Ministros desde el 14 de octubre de 1931, no quiso. El general había estado en esta situación desde su cese como director de la AGM en junio de 1931, pero el cinco de febrero de 1932 recibió el mando de la XV Brigada de Infantería, acuartelada en La Coruña. Con esta decisión el político probablemente intentaba ganarse a Franco como había hecho con Goded nombrándole jefe del EMC tras la proclamación de la República. Este "órgano" era el "pensante del Ejército", cuyo titular en caso de guerra "desempeñaba el cargo de jefe de Estado Mayor General del Ejército de operaciones, constituyendo el Estado Mayor de este con personal designado desde tiempo de paz del destinado en el Estado Mayor Central", de acuerdo con el decreto del cuatro de julio de 1931 que reorganizó el Ejército español. Franco, a pesar de que su nuevo destino no era especialmente brillante, decidió mantenerse en la legalidad, no participando en el golpe de Estado del diez de agosto de 1932 dirigido por su antiguo protector, el teniente general Sanjurjo. Esta intentona terminó en un completo fracaso y supuso la condena a muerte y posterior reclusión perpetua del *León del Rif*. En 1934 sería amnistiado, fijando su residencia en Estoril (Portugal).

No obstante, el hecho de que el general ferrolano no se sublevase contra la República, no significó que mejorasen sus relaciones personales con Azaña. El 28 de enero de 1933 se publicó un decreto por el que se revisaban los ascensos por méritos de guerra. Esta norma le provocó un importante enojo como explicó a Azaña Félix de Vera Valdés, general-jefe de la 8ª División Orgánica (Galicia, Asturias y León) y su superior inmediato, porque había pasado de ser el número uno de los generales de brigada al veinticuatro. El ministro no consideró este descenso en el escalafón un castigo, ya que en la entrada de su diario del ocho de febrero escribió: "es lo menos que ha podido ocurrirle. Yo creí durante algún tiempo que aún descendería más", añadiendo: "voy a enviarlo a mandar Baleares, donde estará más alejado de tentaciones". Si solo consideramos la última frase podía parecer que el nuevo destino de Franco –comandante militar de Baleares– era un castigo. Nada más alejado de la realidad por dos razones.

La primera porque correspondía a un general de división y él solo lo era de brigada, por tanto, se trataba de un nombramiento "en plaza de superior categoría" como reflejaba el decreto firmado por Azaña el 15 de febrero.

La segunda porque para el ministro este archipiélago constituía su mayor preocupación, ya que lo consideraba indefenso, lo que facilitaría que en caso de un conflicto entre Francia e Italia en el Mediterráneo fuese ocupado por las fuerzas armadas de cualquiera de estas naciones: "nuestra situación en Baleares es mala, porque las obras de defensa van despacio y aún falta mucho para fortificar bien Mahón, y lo de Mallorca está por empezar. Todo ello cuesta enormes sumas, y no las hay. En tal situación, cualquier cosa que hagamos en favor de uno determinará la agresión, por hoy incontenible, del otro. Toda prudencia, pues, será poca" había escrito el ocho de septiembre de 1932. Las obras a las que se refería eran las aprobadas en el plan de artillado establecido por la dictadura de Primo de Rivera en 1926, que debían dotar a estas islas de seis piezas de 381 mm, veinte de 152 mm y veinte antiaéreas de 102 mm. Azaña consideraba estos cañones insuficientes y lo que más le indignaba era que los generales del ministerio, a los que peyorativamente denominaba "técnicos", eran incapaces de darle una solución para el problema de la defensa de estas islas. Por eso resulta significativo que optase por Franco para resolverlo. El uno de marzo se entrevistó con él para tratar "la situación militar de Baleares y de lo que ha de hacerse allí con urgencia". El ministro le pidió un informe detallado sobre la situación militar del archipiélago. De nuevo el político confiaba en el general, aunque no lo hiciera en el hombre.

Franco, tras inspeccionar el estado de las fortificaciones y conocer el despliegue militar de las islas, elaboró un memorándum, con la ayuda del entonces teniente de navío (capitán) Luis Carrero Blanco, que remitió al gobierno a finales de 1933. Su contenido resulta muy significativo para conocer la formación de ambos militares y la capacidad de Franco como planificador. El informe comenzaba con una explicación de la importancia de las Baleares en los planes militares de las diferentes potencias mediterráneas. A continuación, y tras describir las características económicas de las diferentes islas, analizaba la doctrina de la defensa costera en los Ejércitos de Francia, Italia y Reino Unido, llegando a la conclusión de que no eran aplicables en el caso español por la inexistencia de una Marina de Guerra relevante.

Sin embargo, ambos militares no se limitaron, como habían hecho otros generales, a explicar porque las Baleares eran indefendibles, sino que elaboraron un plan para poder hacerlo, de acuerdo con su experiencia *africanista*. Así, recordando su participación en el desembarco de Alhucemas afirmaban que la única forma de evitar el éxito de una operación similar era detener el asalto anfibio en las playas de las Baleares. Este planteamiento era similar al que en 1944 defendió el mariscal Rommel para frenar el desembarco aliado en Francia. Para lograr este objetivo, era necesario que las baterías fijas se situaran en las zonas más favorables para el asalto y que el resto de las islas fueran defendidas por "atrincheramientos y nidos de ametralladoras y cañones ligeros, minas enterradas, obstrucciones, neutralización por gas, etc.". Esta defensa en las playas debía ser reforzada por unidades que pudieran desplazarse a las zonas donde tuviera lugar el desembarco, defendiendo que "esta movilidad que ha de imprimirse a gran parte de las unidades de la defensa aconseja la motorización y organización de rapidísimos transportes de sus tropas". La defensa de los vehículos de motor frente a la tracción animal también procedía de su experiencia marroquí. Además, y para que esta forma de defensa fuera efectiva, Franco consideraba necesario un intenso entrenamiento de las tropas y el empleo de la aviación y de la marina de guerra, ya que la primera sería clave para golpear a los invasores en el momento del desembarco –artillería aérea– y la segunda, como fuerza de reconocimiento. Para lograr este objetivo, era necesario situar de forma permanente un buque de guerra en cada isla.

Por tanto, el general y su futuro *alter ego*, plantearon, sobre la base de la doctrina militar "española", un plan de defensa de las Baleares acorde con los recursos de los que disponía España, tal como Azaña había solicitado a los "técnicos" desde 1931. Sin embargo, el político alcalaíno no sería su receptor. El 12 de septiembre de 1933 había dimitido y tras las elecciones del 19 de noviembre, donde el triunfo correspondió a la Confederación Española de Derechas Autónomas (CEDA) liderada por José María Gil-Robles y al Partido Republicano Radical (PRR) de Alejandro Lerroux, se conformó un nuevo gabinete el 16 de diciembre, bajo la presidencia del último, en el que la cartera de Guerra recayó en Diego Martínez Barrio.

El nuevo ministro decidió mantener al general en su destino de "superior categoría", al igual que su sucesor, desde el 23 de enero de 1934, el notario Diego Hidalgo. Fue este político del PRR el que le ascendió a general de división el 27 de marzo de 1934, tras conocerle en Madrid en febrero. El militar ferrolano era entonces el número 13 del escalafón, de generales de brigada, aunque había ascendido a este empleo antes que los doce compañeros que le precedían. La relación entre el político y el general se estrechó con la llegada del ministro a las Baleares en junio y la visita que ambos realizaron a Menorca. En estos encuentros, como reflejó en una entrevista para *ABC* el 19 de junio de 1936, a Hidalgo le sorprendió comprobar que Franco había ordenado construir una maqueta a escala del archipiélago con todos sus accidentes geográficos. Este modelo era utilizado como cajón de arena por el general y su Estado Mayor para identificar las posibles zonas de desembarco, elaborar diferentes estudios y planificar ejercicios tácticos sobre el terreno para evitar un asalto anfibio. Tras esta visita, Hidalgo quedó prendado del general como reflejó en su obra *¿Por qué fui lanzado del Ministerio de Guerra?*: "Franco, en el silencio de su despacho, lleva muchos años, los años de paz, consagrado a documentarse. El estudio ha dado sus frutos, y hoy bien puede afirmarse que no hay secretos para este militar en el arte de la guerra, elevado a ciencia por el ingenio de los hombres".

Esta admiración llevó al ministro a invitarle a unas maniobras militares que se desarrollaron en Astorga (León) entre los días 23 y treinta de septiembre. Tras regresar a Madrid, Franco le pidió permiso para trasladarse a Oviedo por asuntos personales, petición que le fue concedida. Sin embargo, nunca realizaría ese viaje.

El "salvador de la República": la campaña de Asturias

El cinco de octubre de 1934 comenzó una huelga general revolucionaria cuyo objetivo era derribar la II República y sustituirla por un régimen izquierdista con pluralismo limitado. Si bien las fuerzas de este ámbito ideológico justificaron esta sublevación porque el día anterior cuatro ministros de la CEDA se habían incorporado al gobierno, las fuentes demuestran que se había comenzado a preparar tras su derrota en las elecciones del 19 de noviembre de 1933. La dinámica insurreccional fracasó en toda España salvo en Cataluña y sobre todo en Asturias, la provincia que Franco se disponía a visitar. En este territorio la huelga general revolucionaria tomó la forma de una auténtica rebelión armada contra la República, especialmente tras el acopio de los 11.351 fusiles almacenados en la Fábrica de Armas de Oviedo. Este armamento, junto a otro que se había acumulado en los meses previos, permitió poner en pie al *Ejército Rojo Asturiano*, formado por 15.000/30.000 hombres según diferentes fuentes.

Tras conocer el alcance de esta sublevación, Hidalgo suspendió inmediatamente el permiso que había concedido a Franco y pensó en él para liderar las fuerzas que debían derrotar a los revolucionarios por su conocimiento del territorio y la fe que tenía en su persona, ya que no confiaba en el jefe del EMC general de división Car-los Masquelet Lacaci. Sin embargo, no pudo imponer su criterio, siendo elegido para este cometido un veterano *africanista*, el general de división Eduardo López de Ochoa y Portuondo. Este militar –republicano, masón y de confianza del presidente de la República Niceto Alcalá-Zamora– era el número uno del escalafón, poseía una brillante hoja de servicios –había ascendido a general de brigada con solo 41 años–, era jefe de la Tercera Inspección General, dentro de cuya demarcación se encontraba Asturias, y no tenía una relación cordial con Franco. En 1936 publicó la obra *Campaña militar de Asturias* donde se mostró muy crítico con el deseo inicial de Hidalgo: "parece natural y de lógica militar, que fuera designado para este mando el que lo ejercía en propiedad como Inspector General Jefe de aquel territorio, con preferencia al que únicamente se hallaba entonces al lado del Ministro de la Guerra como asesor del mismo, por simpatías personales, sin ostentar cargo adecuado para ello, y desempeñando por el contrario un lugar tan apartado y distinto como eran las Islas Baleares".

A pesar de estas diferencias personales con Franco, López de Ochoa actuó como el *africanista* que era, diseñando un plan donde cuatro columnas motorizadas –*León*, *López de Ochoa*, *Solchaga* (coronel José Solchaga Zala) y *Yagüe*– debían converger sobre Oviedo, convertido en el punto clave de la insurrección. Su actuación fue sobresaliente desde un punto de vista estratégico y táctico, finalizando las operaciones el 18 de octubre. Paralelamente, Franco, que consideraba esta revuelta como la manifestación inicial de una revolución comunista, se instaló en el

Ministerio de la Guerra por orden de Hidalgo, junto a su ayudante y primo el comandante Francisco Franco Salgado-Araujo y dos oficiales de la Marina de Guerra: el capitán de navío (coronel) Francisco Moreno Fernández y el de corbeta (comandante) Pablo Ruiz Marset. Algunos autores, tanto proclives como contrarios al futuro Generalísimo, han visto en este pequeño grupo de militares a un auténtico Estado Mayor con el que dirigió la campaña terrestre asturiana. Nada más lejos de la realidad. Difícilmente se podía realizar tal cosa con un jefe del Ejército que nunca mostró especiales capacidades militares y que no pertenecía al Cuerpo de Estado Mayor, y dos marinos. Es más, resulta complicado pensar que un militar de la experiencia y la antigüedad de López de Ochoa obedeciera las órdenes de un general más moderno y que no dejaba de ser el comandante militar de Baleares, aunque fuera de la confianza del ministro.

No obstante, esto no significa que Franco no tomara algunas decisiones claves para la derrota y posterior represión de los revolucionarios asturianos:

1) Coordinar el traslado de tropas hasta Asturias y las acciones de bombardeo naval de la costa.
2) Convencer al ministro de la necesidad del empleo de las tropas del Ejército de Marruecos, legionarios y regulares, para derrotar la insurrección. Esta decisión la justificaría Hidalgo posteriormente sobre la base de que se evitaba el debilitamiento de las guarniciones peninsulares, las bajas de soldados españoles y porque se iban comportar correcta-

mente con los no combatientes. El ministro se equivocó en su apreciación porque estas unidades, especialmente los Regulares, tuvieron en numerosas ocasiones un comportamiento brutal con los insurgentes y la población local. Para mandarlas, Franco eligió a un militar de su más estrecha confianza: el teniente coronel Yagüe, que llegaría a chocar con López de Ochoa cuando el general ordenó el fusilamiento de un legionario y seis regulares por su trato a los civiles asturianos. A pesar de estos castigos, López de Ochoa se convirtió en "el carnicero de Asturias" para la izquierda y el 17 de agosto de 1936 sería asesinado por mineros asturianos en el Hospital Militar de Carabanchel (Madrid) y su cabeza paseada por las calles clavada en una bayoneta. No obstante, la brutalidad con los civiles no fue exclusiva de los soldados gubernamentales. Los insurrectos también asesinaron a decenas de religiosos y a miembros de la burguesía local.

3) Sustituir el 11 de noviembre al jefe de la *Columna León* –integrada por unidades acuarteladas en esa provincia– general Carlos Bosch y Bosch, jefe de la XVI Brigada de Infantería, por el de su mismo empleo Amado Balmes Alonso, disponible entonces en Madrid.

4) Persuadir al ministro de la necesidad de nombrar a su amigo de la infancia, el entonces comandante de la Guardia Civil Lisardo Doval Bravo, delegado del Ministerio de la Guerra para el orden público en las provincias de Asturias y León, con la misión de recuperar las armas en manos de los revolucionarios y perseguir los delitos que habían realizado éstos. Para cumplir estas misiones, Hidalgo reconoció en su obra citada que le entregó un documento para "que con la necesaria autonomía y especial jurisdicción pudiera realizar su cometido ya que sin este requisito todos

los imponderables de carácter jerárquico, burocrático jurisdiccional, etc., hubieran sido dificultades y obstáculos". Doval tuvo una muy dura actuación con los prisioneros, apoyado en todo momento por Franco. Fue cesado de su mando el ocho de diciembre, volviendo a Tetuán donde estaba destinado.

La revolución de Asturias, como demuestra la reciente obra coordinada por Jesús Jiménez Zaera, sigue siendo objeto de un importante debate en el seno de la historiografía española. No obstante, y a pesar de su importante interés académico, desde el punto de vista estrictamente militar resultó de gran trascendencia para Franco, pues le demostró que la táctica marroquí basada en columnas motorizadas convergentes sobre el objetivo y el asalto frontal como maniobra principal eran extraordinariamente efectivas cuando se empleaban contra un enemigo armado, pero carente de estructura militar. Los dos primeros meses de la Guerra Civil demostrarían que estas apreciaciones eran correctas

Después de octubre de 1934, el general ferrolano se convirtió para la derecha moderada en el "salvador de la República", lo que le permitió alcanzar los destinos más importantes del Ejército. Esta posición de prestigio en el ámbito político justificaría su negativa a participar en un supuesto golpe de Estado monárquico que se organizó en el mismo mes de octubre. Por el contrario, colaboró activamente con Alejandro Lerroux, presidente del Consejo de Ministros y titular de la cartera de Guerra tras el cese de Hidalgo el 16 de noviembre. El veterano político quiso nombrarle Alto Comisario de España en Marruecos, pero fue vetado por Alcalá-Zamora. No obstante, poco después, el 15 de febrero de 1935, se convirtió en jefe "de las Fuerzas Militares de Marruecos", el mando sobre tropas más importante del Ejército español. Por primera vez en su carrera, Franco recibió un destino de primera categoría que sería clave para su devenir en la Guerra Civil. Durante los tres meses que permaneció en Tetuán reafirmó sus convicciones *africanistas*, estrechó sus vínculos con los mandos de las unidades y estableció una sólida relación con su jefe de Estado Mayor, el coronel Francisco Martín Moreno. La culminación de su ascenso en la jerarquía militar de la República se produjo con su nombramiento como jefe del EMC por el nuevo ministro de la Guerra Gil-Robles.

Franco permaneció en este puesto desde el 17 de mayo de 1935 hasta el 21 de febrero de 1936. Durante estos nueves meses su actividad se centró en cuatro aspectos relacionados con su experiencia militar anterior:

1) Reforzar la guarnición de Asturias, territorio que seguía considerando poco seguro.
2) Elaborar un documento titulado *Personal y material necesario para la defensa de las islas Baleares*, finalizado el seis de enero de 1936. El plan que se recogía en sus páginas sería clave para derrotar la invasión republicana dirigida por el capitán Alberto Bayo en agosto de 1936.
3) Potenciar la motorización del Ejército.
4) Poner en marcha un plan para rearmar las unidades en un periodo de tres años.

Sin embargo, estos proyectos nunca se culminaron por la salida de Gil-Robles del Ministerio de la Guerra el 14 de diciembre de 1935 y la subsiguiente crisis política que culminó con la convocatoria de elecciones para el 16 de febrero de 1936. Estos comicios supusieron el triunfo de la coalición de izquierdas denominada Frente Popular (FP), cuyo programa incluía, entre otras medidas, la amnistía de los insurrectos de 1934. Con la excusa de que existían desórdenes públicos provocados por las masas, Franco intentó que el presidente del Consejo de Ministros Manuel Portela Valladares declarase el Estado de Guerra el 17 de febrero mientras que Goded, director general de Aeronáutica y jefe de la Tercera Inspección General, se dirigió al cuartel de la Montaña (Madrid) para sublevar sus unidades. Ambos generales fracasaron en sus tentativas.

El ministro de la Guerra, Diego Hidalgo, con López Ochoa y Francisco Franco en octubre de 1934.

Franco y las conspiraciones de 1936

Tras el nombramiento de Azaña como presidente del Consejo de Ministros, una de las primeras medidas del nuevo titular de Guerra, general Masquelet, fue cesar a Franco y Goded de sus cargos y nombrarlos comandantes militares de Canarias y Baleares respectivamente el 21 de febrero. Esta decisión iba a sellar el destino de ambos generales. Antes de partir para Canarias, el general ferrolano asistió a una reunión el ocho de marzo, convocada en Madrid por el lugarteniente de Goded al frente de la conspiración militar que ya se había puesto en marcha, general de división Ángel Rodríguez del Barrio, jefe de la Primera Inspección del Ejército, en el domicilio del agente de Cambio y Bolsa afiliado a la CEDA José Delgado y Hernández de Tejada. Aunque existen diferentes versiones sobre la misma, los asistentes fueron un conjunto de militares definidos por su enemistad con el FP, su enfrentamiento con Azaña, o su monarquismo: los generales de división González Carrasco, Franco, Fanjul y Villegas, y los de brigada Alfredo Kindelán Duany, Mola, Luis Orgaz Yoldi, Miguel Ponte y Manso de Zúñiga, y José Enrique Varela Iglesias, y el teniente coronel Valentín Galarza Morente. Este encuentro resultaría clave para la sublevación que estalló el 17 de julio, ya que se tomaron importantes decisiones, destacando dos: la elección de Sanjurjo como jefe, y la creación de una Junta de Generales encabezada por Rodríguez del Barrio y formada por

Fanjul, González Carrasco, Orgaz, Varela y Villegas, para dirigir la operación.

No obstante, la primera de estas decisiones era simbólica y coyuntural. El *León del Rif* era el jefe indiscutible de la trama militar, pero su edad –64 años– y su estado físico, hacían probable que no mantuviera el liderazgo mucho tiempo una vez que triunfase la sublevación. Este hecho provocaba importantes rencillas entre los dos generales de división más prestigiosos del Ejército, cuya relación no era buena: Franco y Goded. Esta situación la reconoció posteriormente el futuro Generalísimo en sus conversaciones con su primo. Pero, además, desde el primer momento, intentó imponerse a su rival. Para ello, utilizó precisamente a los militares monárquicos que no confiaban en Goded por su ideología republicana y liberal. Así, Galarza envió una misiva a Sanjurjo poco después de la reunión del ocho de marzo, donde criticaba muy dura-mente a Goded –"su cobardía ha sido tal que en los días pasados noticias recibidas por él de la disposición de ciertos elementos fueron ocultados por él al otro pequeño [Franco] y a los demás que estaban en el ajo. Eso se acabó"– y solicitaba para el general ferrolano –"insisto en decirle a Vd. que esto está hecho de acuerdo con F [Franco]"– la jefatura de la sublevación hasta que el teniente general regresara a España. Sanjurjo, un militar muy ordenancista y cuya relación con Alfonso XIII estaba muy deteriorada, no siguió el consejo del teniente coronel, manteniendo al lugarteniente de Goded, Rodríguez del Barrio, como jefe de la sublevación en España. No obstante, resulta significativo que Franco, con el apoyo de los seguidores de Alfonso XIII, ya aspirase a la jefatura de la sublevación, aunque subordinado a Sanjurjo, en marzo de 1936. La razón de este posicionamiento había que buscarla en su experiencia adquirida como planificador y organizador y los importantes mandos de los que había disfrutado durante el periodo republicano, que le habían llevado al convencimiento de que era el primero de los generales del Ejército en activo.

A pesar de este revés, Franco siguió formando parte de la conspiración, cuyo plan iba tomando forma. El cinco de abril el teniente coronel Fidel de la Cuerda, hombre de la entera confianza de Sanjurjo y que desde marzo de 1936 se encontraba disponible en Madrid, actuando como informador del exiliado en Estoril, le envió una misiva en la que se podía leer: "se ha consultado el plan con Franco y esperamos contestación. Marruecos ha contestado conforme el Tercio, los regulares de Tetuán y Ceuta y la *mehal-la* y se organiza la llegada de Franco". Por tanto, al entonces comandante general de Canarias se le había asignado la dirección de las fuerzas militares acuarteladas en Marruecos y se estaba preparando su viaje desde Tenerife.

Sin embargo, pocos días después Franco se desentendía de la operación como quedó reflejado en una nueva misiva de Cuerda a Sanjurjo fechada el 12 de abril de 1936: "contestación ambigua Franco que le conté en la anterior al haber recibido el plan Varela después de contestado conforme". Esta posición del entonces comandante militar de Canarias se podría explicar en función de dos causas. Por un lado, porque Sanjurjo no le había ofrecido el protagonismo que deseaba. Por otro, porque no estuviera convencido de que un golpe de Estado pudiera triunfar en la España de 1936. Esta posición "legalista" quedaría plasmada poco después cuando quiso entrar en las Cortes, presentándose como candidato de la derecha en la segunda vuelta de las elecciones de Cuenca que tendrían lugar el tres de mayo. Sin embargo, su incipiente carrera política quedó truncada porque el líder de Falange José Antonio Primo de Rivera, que también debía integrar esa candidatura, se negó a compartir lista con él.

Tras el fracaso del plan de la Junta de Generales el veinte de abril de 1936, Mola, que había sido nombrado comandante militar de Navarra por el FP, se hizo cargo unilateralmente de la organización de la conspiración. Franco conoció pronto este nuevo proyecto, aunque se mantuvo ajeno al mismo. Su ausencia no le importó a su compañero *africanista*, autodenominado *El director*, que puso las bases de una vasta sublevación, distinguiendo dos planos: político y militar. El primero quedó plasmado en la instrucción reservada "El directorio y su obra inicial", obra de Mola y los generales republicanos Miguel Cabanellas y Queipo de Llano, y que recibió el visto bueno de Goded y Sanjurjo. En su contenido se establecían las características del futuro Estado surgido del triunfo de la rebelión, que mantendría el régimen republicano y donde el poder estaría inicialmente en manos de un directorio militar de cinco generales, que posteriormente lo entregaría a civiles pertenecientes a las fuerzas políticas que habían apoyado la rebelión. El segundo plano, el militar, fue recogido en el resto de instrucciones reservadas de Mola, y tenía por punto de gravedad Madrid. Así en la directiva "El objetivo, los medios y los itinerarios", fechada el 25 de mayo de 1936, se podía leer: "la capital de la Nación ejerce en nuestra Patria una influencia decisiva sobre el resto del territorio, a tal extremo que puede asegurarse que todo hecho que se realice en ella se acepta como cosa consumada por la inmensa mayoría de los españoles". Para conquistar esta ciudad, Mola elaboró dos planes. El primero, vigente entre el 25 de mayo y el veinte de junio, excluía tanto a Franco como al Ejército de Marruecos, ya que consideraba que con las columnas de la 5ª (Cabanellas), 6ª (Mola) y 7ª (Queipo de Llano) divisiones orgánicas sería suficiente para lograr este objetivo.

El segundo, que comenzó a trazarse el veinte de junio, estuvo marcado por dos hechos de gran importancia. Por un lado, el nuevo papel asignado a las Fuerzas Militares de Marruecos, que debían constituir una nueva columna para asaltar Madrid desde el sur. Esta adición implicaba la creación de un nuevo frente que obligaría al Gobierno a dividir sus fuerzas y también la segura incorporación de Franco a la rebelión. Así quedó reflejado en las "Directivas para Marruecos" fechadas el 24 de junio, que Mola envío directamente al teniente coronel Yagüe: "ha de procurarse por todos los medios organizar dos columnas mixtas sobre la base de La Legión, una en la circunscripción Oriental y otra en la Occidental que desembarcarán respectivamente en Málaga y Algeciras, aunque conviene hasta el momento preciso hacer creer que los puntos de desembarco son Valencia y Cádiz […]. Jefe de todas las fuerzas de Marruecos será hasta la incorporación de un prestigioso General, la persona a quien van dirigidas estas instrucciones. Como la dirección del movimiento tiene absoluta confianza en dicho Jefe, deja en absoluto a su albedrío, los detalles de ejecución". Por otro, el papel fundamental asignado a dos factores que hasta entonces no se habían tenido en cuenta: la 2ª División Orgánica (Andalucía), de cuya rebelión se encargaría el general Queipo de Llano, y la Marina de Guerra. La primera porque constituía la cabeza de puente donde debían desembarcar las unidades de Marruecos. La segunda porque debía proteger el transporte de estas tropas hasta la Península. Así, el veinte de junio, se enviaron las "Instrucciones para las fuerzas de la Armada", destinadas a las bases navales de El Ferrol, Cádiz y Cartagena, y a las Fuerzas Navales de África.

Supuestamente estas instrucciones reflejaban que el general ferrolano se había vuelto a comprometer con los conspiradores. Sin embargo, en una decisión difícilmente explicable, decidió escribir al presidente del Consejo de Ministros Santiago Casares Quiroga una carta el 23 de junio donde le advertía de la situación de tensión y desasosiego que vivía el Ejército como consecuencia del deterioro del orden público —484 muertes violentas entre el 16 de febrero y el 18 de julio de 1936, de acuerdo con la reciente obra de Fernando del Rey y Manuel Álvarez Tardío—, e implícitamente se ofrecía para restablecerlo. Mola quedó desagradablemente sorprendido por esta iniciativa, lo que obligó a Franco a darle explicaciones en la segunda y última misiva que se cruzaron entre el ocho de marzo y el 17 de julio: "nada te digo de asuntos políticos. Estoy conforme con tus apreciaciones y precisamente comulgando con ellas y en evitación de los estragos que en la moral y virtudes del Ejército están produciendo las disposiciones oficiales, consecuencia de la labor de una docena de militares tendenciosos y sectarios que engañan al ministro, le he escrito esa carta cuya copia te adjunto con la que estoy convencido estarás conforme".

Paralelamente, se empezó a diseñar un plan que le permitiese salir de Canarias y trasladarse a Marruecos. Juan March como financiero y Andrés Arroyo González de Chaves, Juan Ignacio Luca de Tena, Francisco Herrera Oria, Juan de la Cierva y Luis Bolín como factotums fueron los responsables de que el último alquilara el seis de julio en Londres un avión *De Havilland D.H. 89 Dragon Rapide* que saldría rumbo a Canarias el día 11. Sin embargo, la participación de Franco no estaba segura entonces porque el ocho de julio comunicó a Kindelán que se apartaba de la operación. Dos días después, Mola era informado de este nuevo cambio de opinión del comandante general de Canarias.

No obstante, el avión continuó su vuelo y aterrizó en el aeropuerto de Gando (Gran Canaria) el día 14. Un día antes, sobre las 11 de la noche, llegó a Pamplona Elena Medina con un mensaje de Franco emitido el 12 de julio: "Geografía poco extensa", que ratificaba su decisión anterior de no participar en la sublevación. Sin embargo, el 14 de julio, el general cambio de opinión y envío un nuevo comunicado informando a *El director* de que podían contar con él. La causa probablemente fuera el asesinato del líder monárquico José Calvo Sotelo el día anterior, pero también el hecho de que la sublevación era irreversible y estaba obligado a elegir un bando. Una vez tomada esta decisión, Franco, cuya residencia estaba en Tenerife, precisaba de un motivo para trasladarse a Gran Canaria donde había aterrizado su transporte.

La "excusa" o motivo que permitió ese traslado fue la muerte del general Balmes, comandante militar de Las Palmas, el 16 de julio de 1936. Este luctuoso acontecimiento es objeto de discusión entre los historiadores hasta la actualidad. En su funeral el comandante militar de Canarias pronunció unas crípticas palabras –"Ha muerto un caballero, un gran militar, llevándose a la tumba un secreto"–, recogidas posteriormente en *El Correo Español* el siete de diciembre de 1937. Dos días después se inició la sublevación en las islas Canarias. Sobre las 14:20 horas del 18 de julio el general partió rumbo a África para hacerse con el mando del Ejército de Marruecos.

Franco llega a Ceuta en julio de 1936.

IV. UN GENERAL EN GUERRA
(JULIO/SEPTIEMBRE DE 1936)

El general-jefe del Ejército del Marruecos

La sublevación no tuvo el éxito que Mola esperaba, ya que si bien triunfó en el norte peninsular –salvo la cornisa cantábrica–, Aragón, Cáceres, Sevilla, Cádiz, Córdoba, Granada y los archipiélagos, no lo hizo en las regiones más importantes y populosas –Madrid, Cataluña y Valencia–. Además, fue acompañada de tres importantes reveses que debilitaron enormemente la posición de los rebeldes. El primero, el fracaso de la sublevación en la Marina de Guerra gracias a la acción decidida de un oficial de 3ª clase del Cuerpo Auxiliar de Radiotelegrafistas, Benjamín Balboa. Este técnico no solo bloqueo a partir del 18 de julio los mensajes procedentes de Marruecos, sino que se puso en comunicación con las principales unidades y bases navales, asegurando la lealtad a la República de las mismas, a pesar de que la mayor parte de los integrantes del Cuerpo General eran favorable a la sublevación. El segundo, la muerte de Sanjurjo en un accidente de aviación el 22 de julio. Y el tercero, el fracaso de la sublevación en la 4ª División Orgánica, que supuso la detención de Goded en Barcelona el 19 de julio y su posterior fusilamiento el 12 de agosto. Por tanto, en poco más de tres días desaparecieron dos de los tres principales rivales de Franco, facilitándose así su camino hacía el liderazgo de los sublevados.

No obstante, a pesar de estas contrariedades, *El director* consiguió dotar de orden a la zona rebelde, constituyendo el 23 de julio la Junta de Defensa Nacional de España, presidida por su amigo Miguel Cabanellas, pero donde era la figura clave e inspiradora de la mayoría de los decretos promulgados por este organismo. Paralelamente, Franco, tras la muerte de Sanjurjo y Goded, también había ascendido en la jerarquía rebelde. Mola y él eran en ese momento los dos generales sublevados más importantes. El 25 de julio fueran nombrados jefes del Ejército del Norte de España y del Ejército de Marruecos y del Sur de España respectivamente. Ambos tenían en ese momento un objetivo: Madrid. La situación de *El director* era mejor porque al mandar el Ejército del Norte, estaba en condiciones de tomar la capital de España, algo que aterraba al entorno del general ferrolano como reconoció su primo, el futuro teniente general Franco Salgado-Araujo: "a todos nos embargaba el temor de que las columnas del general Mola llegasen a Madrid antes que las de Franco y nos pisasen la papeleta". Sin embargo, *El director* no tendría éxito en su intento porque no pudo imponerse en la conocida como batalla de Guadarrama (19 de julio/1 de agosto de 1936). Este fracaso le impidió adquirir una posición hegemónica entre los mandos rebeldes. No obstante, sus tropas seguían amenazando la capital en el verano de 1936, convirtiendo el norte de Madrid en el frente prioritario para el Gobierno, como quedó patente en un informe del coronel Stephen O. Fuqua, agregado militar de la embajada de Estados Unidos en Madrid, fechado el 22 de agosto de 1936: "la situación militar en los puertos de Guadarrama permanece prácticamente inalterada. […] Hay que decir a este respecto que el Gobierno considera el área de Guadarrama como el frente principal, ya que ha reunido en este punto a su fuerza principal, que se estima en unos 30.000 hombres".

Mientras tanto, Franco se había trasladado a la capital del Protectorado, Tetuán, el 19 de julio. Allí recibió la noticia de que el día anterior se habían transportado desde Ceuta, en dos *ferries*, dos tabores de Regulares a Cádiz y Algeciras, pero que el fracaso de la rebelión en la Marina de Guerra iba a dificultar, por no decir imposibilitar, el transporte marítimo del resto de las tropas acuarteladas en Marruecos. La causa era que los barcos de guerra republicanos estaban fondeados en la ciudad internacional de Tánger, lo que les permitía vigilar los puertos españoles en Marruecos. Ante esta tesitura, y tras consultar con sus oficiales, su jefe de Estado Mayor coronel Martín Moreno y el general Kindelán, experto piloto y presente en la ciudad marroquí, decidió aceptar la propuesta de este último de poner en marcha el primer Puente Aéreo de la historia. Se trataba de una operación arriesgada porque hasta ese momento los aviones solo se habían empleado para trasladar heridos, aunque también era cierto que, desde el final de la Primera Guerra Mundial, en la Unión Soviética, Estados Unidos, Reino Unido y más tarde Alemania, se estaban desarrollando novedosas teorías en relación con las tropas paracaidistas y aerotransportadas y se estaba definiendo el concepto de asalto vertical. No obstante, en el caso de la operación propuesta por Kindelán y aceptada por el futuro Generalísimo el objetivo fundamental era el transporte aéreo de tropas para superar el obstáculo que suponía la presencia de la flota republicana en el estrecho. De ahí que fuera tan novedosa.

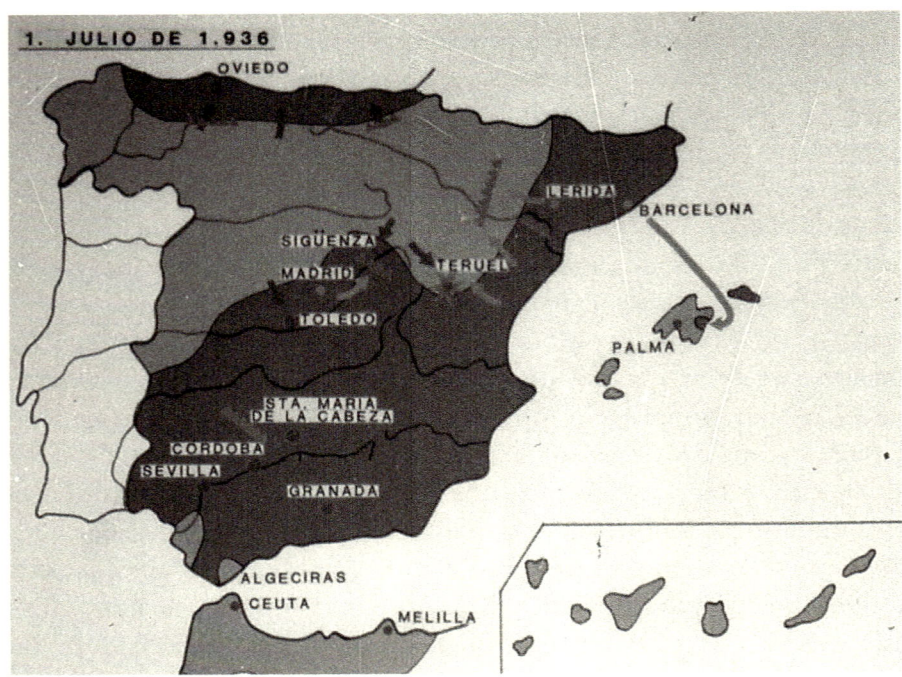

1. JULIO DE 1.936

OVIEDO

LERIDA
BARCELONA

SIGÜENZA
MADRID TERUEL
TOLEDO
PALMA

STA. MARIA
DE LA CABEZA
CORDOBA
SEVILLA
GRANADA

ALGECIRAS
CEUTA
MELILLA

Ubieto, 1094.

Para iniciar esta operación ambos generales tomaron cuatro decisiones. La primera, invocar el estatuto internacional de Tánger, cuya consecuencia más importante fue que, con la ayuda diplomática de Italia, la flota republicana perdió esa importantísima base logística. A este contratiempo para el Gobierno de Madrid se unió la negativa de Londres a que los barcos republicanos se abastecieran en Gibraltar. Paralelamente, los mandos navales británicos de esta base comenzaron a colaborar abiertamente con Franco al que consideraban un "general blanco" (cristiano), no un "fascista". La segunda, ordenar que el petrolero que surtía a las islas Canarias se desplazara a Ceuta para abastecer de combustible a los aparatos que iban a sostener esta operación. La tercera, emplear todos los medios aéreos disponibles en el protectorado: tres aviones *FokkerVII b-3m* (16 soldados en cada vuelo por avión) de la Aeronáutica Militar, dos hidroaviones *Dornier Wal* (11 soldados) de la Aeronáutica militar, un *Douglas DC-2* (12 soldados) de las *Líneas Aéreas Postales Españolas* (LAPE) y un *Junker J-52* (17 soldados) de la compañía *Lufthansa*. Fueron estos aparatos los que sostuvieron el puente aéreo hasta el cinco de agosto. La cuarta, solicitar ayuda a Alemania e Italia, lo que se tradujo en la llegada de nueve *Savoia Marchetti SM. 81* y posteriormente 19 *Junker J-52* y seis cazas *Heinkel He-51*, que solo empezaron a operar a partir del cinco de agosto en el caso de los aparatos italiano y de mediados de ese mes en el de los alemanes. Por tanto, el puente aéreo fue una operación estrictamente española en sus primeros 15 días. Las tropas transportadas en ese periodo fueron aproximadamente unos 2.850 hombres –no hay datos fehacientes sobre el número exacto–, correspondientes a tres banderas de la Legión (4ª, 5ª y 6ª) y dos tabores de Regulares de Tetuán (1º y 2º). Posteriormente, tras la adición de los aparatos alemanes e italianos, el Puente Aéreo permitió, según Martínez Bande, aerotransportar un total 11.998 hombres. Kindelán, testigo presencial de los hechos, elevó esta cifra a 13.952. Por su parte, el coronel Gomá estimó que fueron 13.962 soldados. Los dos últimos autores también añadieron 500 toneladas de material, entre los que se encontraban 44 cañones, 90 ametralladoras, municiones y diversos equipos.

Estas tropas, junto a las que se transportaron por vía marítima en el llamado 'Convoy de la Victoria' el cinco de agosto (unos 1600 hombres, seis piezas de artillería de campaña, cien toneladas de munición y dos ambulancias), resultaron decisivas para activar una sublevación que, tras los fracasos de Goded en Cataluña, Fanjul y Villegas en Madrid, González Carrasco en Valencia y la pérdida de la flota, languidecía. Sus principales consecuencias fueron:

- La ocupación y control de Cádiz, Sevilla, Jerez, San Fernando, Algeciras, La Línea y Huelva, junto con las zonas colindantes, lo cual virtualmente equilibró los recursos demográficos de las dos zonas.
- El dominio del estrecho de Gibraltar, puesto que el aeródromo y el puerto más cercano en manos republicanas estaba en Málaga, dificultando enormemente el abastecimiento de la flota que operaba en esta zona.
- El control de los recursos mineros de Riotinto, los más importantes de

la Península Ibérica; de las ricas zonas agrarias del bajo Guadalquivir y Cádiz, cuyos productos serían utilizados para pagar el material de guerra enviado por Alemania e Italia; de la fábrica de armas de Sevilla y de municiones de Granada; del arsenal de La Carraca (Cádiz), y de la factoría de *Construcciones Aeronáuticas Sociedad Anónima* (CASA) en Puntales (Cádiz).

Pero, sobre todo, abrió de nuevo la posibilidad de conquistar Madrid y terminar rápidamente la guerra de forma victoriosa para los sublevados.

Algunos de los regulares que pasaron el Estrecho de Gibraltar en 1936.

¿Camino a Madrid? Éxito de la táctica *africanista*

Franco se trasladó a Sevilla el dos de agosto donde, tras entrevistarse con Queipo de Llano, regresó a Tetuán. En esta ciudad, junto a su Estado Mayor, diseño una campaña articulada en cuatro fases, cuyo objetivo final era la conquista de la capital::

1) Marcha Sevilla-Mérida/Badajoz. Esta fase permitiría enlazar con las fuerzas de Mola en Cáceres y unir los dos espacios sublevados.
2) Paso del valle del Guadiana al valle del Tajo.
3) Marcha a Talavera/Maqueda y segundo enlace con las tropas de Mola.
4) Avance oeste-este en dirección a Madrid.

Teniendo en cuenta la masa de soldados, esta campaña difícilmente puede entrar en el concepto de Arte Operacional que definieron los militares soviéticos, aunque estaba constituida por un conjunto de operaciones sucesivas que tenían un objetivo último: la conquista de Madrid que supondría *de facto* el fin de la Guerra Civil. Por tanto, podría hablarse de un diseño operacional a pequeña escala. Para su desarrollo, Franco iba a utilizar las tácticas *africanista* que demostrarían su éxito contra un enemigo armado, pero carente de organización militar, a semejanza de lo que había ocurrido en Asturias en 1934. Por tanto, iba a actuar de la misma forma y en función de los mismos parámetros que había aprendido en Marruecos.

En este plan de campaña el entonces general jefe del Ejército de Marruecos rechazó el itinerario propuesto por Mola, articulado sobre la línea Córdoba-Despeñaperros-La Mancha, más corto, pero más problemático por dos razones, como señaló Martínez Bande. Por un lado, porque atravesaba el paso de Despeñaperros, un obstáculo orográfico importante por su carácter ascendente y que le obligaría a enfrentarse a los 3.000 hombres que, a las órdenes del general de brigada José Miaja Menant, el Gobierno republicano había desplazado a Córdoba. Por otro, porque dejaba sus dos flancos al descubierto. El itinerario elegido por Franco, si bien era más largo, también resultaba más seguro por tres razones. La primera, porque permitía apoyar uno de los flancos en la frontera portuguesa, un país amigo de los rebeldes. La segunda, porque facilitaba el paso del valle del Guadiana al Tajo, permitiendo apoyar uno de los flancos en el cauce de este último río. La tercera, porque suponía un avance sobre la capital de España en dirección oeste-este, enlazando así con las sucesivas tropas de Mola que se extendían desde Cáceres hasta la sierra de Guadarrama, y abastecerlas de proyectiles de fusil que necesitaban imperiosamente. Por tanto, la decisión del futuro generalísimo fue correcta desde un punto de vista estratégico.

Franco no acompañaría a sus tropas, sino que se instaló en

Sevilla a partir del siete de agosto. Esta decisión le permitió tener cierto "control" sobre el general Queipo de Llano y empezar a desarrollar una importante labor política, máxime cuando el tres de agosto había sido nombrado vocal de la Junta de Defensa Nacional de España. El resultado de esta decisión fue que el mando táctico de las operaciones iba a corresponder a los jefes de sus columnas: el teniente Carlos Asensio Cabanillas (I columna) organizada el dos de agosto; el comandante Antonio Castejón Espinosa (II columna), puesta en marcha el día tres y el teniente coronel Heliodoro Rolando de Tella y Campos (III columna), operativa a partir del día nueve. Estas agrupaciones, conformadas siguiendo la táctica *africanista*, estaban motorizadas y constaban de una bandera de la Legión (600 hombres), un tabor de Regulares (600 hombres), una batería de artillería, tropas de Ingenieros y los correspondientes servicios de Intendencia y Sanidad, quedaron bajo el mando superior de Yagüe a partir del nueve de agosto y se conocerían como *Columna Madrid*.

La primera fase de la campaña se desarrolló de acuerdo con la "Orden General de Operaciones Número 1" emitida el dos de agosto. En esta directiva se establecía que el avance debía caracterizarse por "la rapidez, la decisión y la energía, evitando toda detención no imprescindible. Para la reducción de núcleos rebeldes las Columnas que se organicen se actuará con energía, excluyendo toda crueldad, respetando absolutamente mujeres y niños y evitando toda clase de razias". Estas indicaciones de Franco no se iban a cumplir en su totalidad. El avance sería muy rápido y en poco más de una semana sus motorizadas tropas se situaron a las puertas de Mérida el diez de agosto, tras recorrer 120 km, en un ejemplo de *Blitzkrieg* que solo sería superado por los *panzers* alemanes en la Segunda Guerra Mundial, como afirmó Puell. Sin embargo, esta marcha fue acompañada de una dinámica represiva cuyo número de víctimas todavía es objeto de debate. En todo caso, el resultado de esta ofensiva fue el cumplimiento del primer objetivo perseguido, pues tras la caída de la histórica ciudad extremeña el día 11, las fuerzas de Franco enlazaron con las de Mola en Aljucén (Badajoz). La siguiente orden de Franco fue encomendar a Yagüe la toma de Badajoz, para cerrar definitivamente la frontera portuguesa. Esta ciudad fue tomada el 14 de agosto, tras una dura lucha en la que los atacantes solo sufrieron 44 muertos y 141 heridos. La conquista fue seguida de una durísima represión.

Con la toma de Badajoz, se habían cumplido todos los objetivos establecidos por Franco en la primera fase de esta campaña. Tácticamente las diferentes operaciones habían sido un éxito por la extremada rapidez y eficacia con que se habían desarrollado, aunque habían quedado oscurecidas por la brutalidad ejercida sobre la población civil. Estratégicamente se había logrado ensanchar y asegurar el territorio del sur controlado por los sublevados, cerrar la frontera portuguesa y lograr la unión territorial de la Zona Rebelde, característica de la que siempre careció la Zona Gubernamental. Pero sobre todo se había creado una base sólida para atacar Madrid, paso imprescindible para obtener la victoria en el conflicto, como Franco indicó en un telegrama a Mola fechado el 11 de agosto: "primero) Siempre consideré como tú que problema capital y de primerísimo orden es ocupación de Madrid, y a ello deben encaminarse todos los esfuerzos. Segundo) Al compás de esta acción reducirse focos y dominar interior zonas ocupadas en especial Andalucía, con muy peligrosos focos. Tercero) Ocupado Madrid, acción sobre levante desde Madrid, Aragón y Andalucía y reducir fuerzas Norteñas. Cuarto) Acción en masa contra Cataluña (stop)". Estas cuatro directrices definían la estrategia de los rebeldes para triunfar en el conflicto, en la que estaban de acuerdo tanto Franco como Mola, ya que se ajustaba al plan inicial de *El director*: primero, Madrid, y luego el resto, finalizando con Cataluña.

El paso siguiente de las tropas de Franco, que no sumaban más de 6.000 hombres, fue poner en marcha la segunda fase de la campaña, que tenía tres líneas de acción básicas:

1) Conquistar Guadalupe, para asegurar la margen derecha del valle del Guadiana porque la izquierda estaba controlada tras la conquista de Badajoz.

2) Avanzar hacia Navalmoral de la Mata y asegurar el puente de Almaraz sobre el Tajo para avanzar apoyándose sobre el cauce de este río.

3) Interrumpir la línea de ferrocarril con Ciudad Real para impedir la llegada de refuerzos republicanos.

La conquista de Guadalupe, de elevada importancia estratégica, fue realizada con éxito por Castejón el 22 de agosto, tras derrotar una columna republicana a las órdenes del capitán Manuel Uribarri Barutell "compuesta –según Ortiz de Villajos– por 1.500 hombres, formidablemente dotados de material bélico, con magníficos camiones que los condujeron desde Valencia" en la batalla de la Sierra de Guadalupe (20 de agosto). Esta victoria permitió a los rebeldes asegurar el avance hasta el Tajo apoyando su flanco oriental en las montañas de la sierra homónima. Paralelamente, el resto de la *Columna Madrid* avanzaba por la carretera de Extremadura, apoyando su flanco derecho sobre el cauce del Tajo y siguiendo la línea Navalmoral de la Mata-Oropesa-Talavera de la Reina. El puente de Almaraz fue ocupado el 17 de agosto y Navalmoral el 22 de agosto. Cinco días después todas las fuerzas de la *Columna Madrid* se reunieron en esta localidad para continuar el avance por el valle del Tajo. Un día antes Franco había trasladado su cuartel general a Cáceres para seguir de cerca las operaciones.

Poco después, se iniciaba la tercera fase de la campaña. Las tropas de Franco se mostraron imparables de nuevo. El general republicano José Riquelme, a pesar de contar con 9.000 efectivos, fue incapaz de evitar que los sublevados tomaran Oropesa el treinta de agosto y que cercaran Talavera de la Reina el uno de septiembre por el norte, tras una hábil maniobra táctica de Yagüe. La posible ocupación de esta localidad, situada a 125 km de Madrid, provocó la caída del gobierno de Giral y su sustitución por un nuevo gabinete presidido por el socialista bolchevizado Francisco Largo Caballero e integrado por todas las organizaciones del Frente Popular, que se autodenominó *Gobierno de la Victoria*. El cese de Giral fue acompañado de la sustitución de Riquelme por el más capaz José Asensio Torrado, que tampoco tuvo éxito en su contraataque para romper el cerco de Talavera de la Reina, donde utilizó tropas extraídas del Frente de Guadarrama. La ciudad toledana cayó el tres de septiembre. Seis días después, una acción conjunta de las fuerzas de Mola y Franco permitió un segundo enlace entre ambos ejércitos rebeldes en Arenas de San Pedro (Ávila).

El 11 de septiembre las fuerzas de Yagüe, reforzadas con dos nuevas columnas a las órdenes de los tenientes coronel Francisco Delgado Serrano (IV) y Fernando Barrón Ortiz (V), recibieron la orden de avanzar por la línea Santa Olalla-Maqueda-Torrijos. El 18 de septiembre Fuqua enviaba un nuevo informe para su gobierno, donde recogía una interesante reflexión sobre la situación militar en ese momento y su posible evolución: "el frente se encuentra ahora a 13 kilómetros al este de Talavera y el objetivo inmediato de Franco es evidentemente Maqueda, que dará a los rebeldes el control de la carretera de Ávila y permitirá la unión de sus fuerzas en los frentes norte, oeste y suroeste de Madrid. La posición de Maqueda, a solo sesenta kilómetros de Toledo, les dará también la oportunidad de moverse hacia esta ciudad, donde los aguerridos defensores del Alcázar, convertido en un montón de escombros por el fuego de la artillería, prosiguen en la fortaleza una defensa heroica destinada a conmover al lector de la historia del «Asedio del Alcázar» y a despertar la admiración y el aplauso de quienes cursen estudios militares". El coronel estadounidense reconocía explícitamente la posibilidad de que Franco detuviese su avance sobre Madrid para liberar el Alcázar, donde, bajo el mando del coronel José Moscardó Ituarte, se había refugiado la oficialidad de Toledo, los guardias civiles de la provincia y unos cuantos paisanos, junto con sus familias, y cuya resistencia había alcanzado la categoría de mito a nivel mundial. Acertaría en su predicción.

Las tropas de Franco, en esta fase y a pesar de la resistencia cada vez mayor de las fuerzas de Asensio, continuaban su avance. Santa Olalla fue ocupada, tras una intervención directa de Franco, que diseñó una maniobra de flanqueo el veinte de septiembre. Al día siguiente cayó Maqueda y el día 22 Torrijos, situándose a poco más de ochenta km de Madrid. Sin embargo, el futuro Generalísimo, tal como había previsto Fuqua, decidió no desencadenar la cuarta fase de la campaña que había diseñado, lo que significaba no avanzar directamente hacia la capital de España o a El Escorial para enlazar con las fuerzas de Mola desplegadas en la Sierra de Guadarrama, sino desviarse hacia Toledo con objeto de liberar el Alcázar. Esta operación fue culminada con éxito por el sustituto de Yagüe, el general Varela el 27 de septiembre. ¿Por qué tomó esta decisión Franco?

La respuesta a esta pregunta sigue siendo objeto de discusión. No obstante, y más allá del carácter simbólico que para los oficiales sublevados tenía la cuna del Arma de Infantería, estamos de acuerdo con la opinión de dos militares estadounidenses que consideraron esta decisión desastrosa desde el punto de vista militar. El primero, el teniente coronel Summer Waite, agregado militar adjunto de la Embajada de los Estados Unidos en Madrid, que en un informe fechado el 18 de enero de 1937, no dudo en escribir: "un episodio le hizo abandonar una buena estrategia por un plan basado en un sentimiento". El segundo, cuyo nombre no ha trascendido, impartió una conferencia titulada "Lecciones de la guerra civil española" en Fort Leavenworth (Kansas) el uno de diciembre de 1937 en la que fue aún más contundente: "el desvío resultó ser un error garrafal por parte de Franco". Las cinco columnas de Varela suponían aproximadamente unos 8.000-9.000 hombres. Estas fuerzas estaban agotadas tras su meteórico avance de 420 km en cincuenta días, pero seguían siendo operativas, como demostró la conquista de Toledo. Paralelamente Mola disponía de varios miles de hombres en el norte y oeste de Madrid que hubieran cooperado en una operación sobre la capital. Además, en esta urbe los rebeldes disponían de miles de partidarios, no solo civiles –en las elecciones del 16 de febrero de 1936 las derechas obtuvieron 185.458 votos (45,4%)–, sino también militares, ya que en las cárceles madrileñas estaban detenidos centenares de oficiales que podían encuadrar a miles de voluntarios para mantener el orden en la ciudad una vez ocupada. Frente a estas fuerzas, los republicanos, a diferencia de lo que ocurriría un mes y medio después, no tenían ningún sistema defensivo organizado capaz de oponerse a las fuerzas de ambos generales rebeldes.

El jefe del Ejército de Marruecos no cometió este error militar inconscientemente, como demostraba una conversación que mantuvo con Kindelán. Así cuando este militar le comentó que el desvío a Toledo podía "costarle Madrid", le respondió: "yo así lo tengo decidido, por apreciar que, en toda guerra, y más en las civiles, los factores espirituales, cuentan de modo extraordinario, hemos de impresionar al enemigo por el convencimiento llevado a su ánimo de que cuanto nos proponemos lo realizamos sin que puedan impedirlo. Además, yo espero que un retraso de ocho días en la marcha sobre Madrid no se traduzca en las consecuencias que usted pronostica, pero, aunque así fuera, yo no desistiría de conquistar Toledo y liberar a los heroicos defensores del Alcázar, a quienes por mensaje aéreo se lo tengo prometido".

No obstante, la transcripción de esta conversación resultó incompleta, ya que Franco, al tomar la decisión de liberar la histórica fortaleza, perseguía un objetivo político con el que estaba de acuerdo Kindelán: el mando supremo de la Zona Rebelde con el que venía soñado desde el mes de marzo.

El rey Hussein de Jordania visita en 1954 las ruinas del Alcázar toledano, acompañado por Franco y Moscardó.

Generalísimo de los Ejércitos y Jefe del Estado Español

La proclamación de Franco como líder político y militar de los sublevados el uno de octubre de 1936 fue consecuencia de la suma de cuatro causas. La primera, la muerte de sus dos máximos rivales en los primeros días de la sublevación: Sanjurjo y Goded. La segunda, su éxito militar al frente de las fuerzas de Marruecos. La tercera, las acciones de Mola, no sólo porque no pudo tomar Madrid en los primeros días del conflicto, sino porque cometió dos graves errores. Por un lado, cedió a su rival el monopolio de las relaciones internacionales el 11 de agosto para no duplicar los contactos. Por otro, porque el uno de agosto se enfrentó con los monárquicos al ordenar la expulsión de España del príncipe de Asturias, don Juan de Borbón cuando intentaba unirse a las tropas sublevadas. Además, el 21 de julio se había negado a reestablecer la bandera bicolor, cosa que si hizo Franco el 15 de agosto en Sevilla. Estas decisiones hicieron que la mayoría de los generales restauracionistas se inclinasen definitivamente por Franco. La cuarta, la liberación del Alcázar que por su carácter de mito mundial dio el empujón definitivo a su liderazgo.

Esta dinámica comenzó cuando Kindelán –el hombre de Alfonso XIII en el Ejército– puso en tela de juicio la jefatura de la Junta de Defensa Nacional, apostando por la elección de un mando único militar. El 21 de septiembre, a petición del propio Franco, se reunió este organismo en el aeródromo de San Fernando (Salamanca), sito en la finca del ganadero Antonio Pérez Tabernero, para debatir el tema. En este encuentro, los generales monárquicos eran mayoría, y bajo el liderazgo de Kindelán y Orgaz, se volcaron en favor de Franco, como también lo hizo Mola. El jefe del Ejército de Marruecos fue elegido con el voto favorable de todos los presentes, salvo el de Cabanellas. El apoyo de Mola era lógico, ya que el prestigio militar del general ferrolano era muy superior al del resto de los convocados y además era su superior jerárquico, al tener el empleo de general de división. En todo caso esta elección se hacía única y exclusivamente para dilucidar quién debía ejercer el mando supremo militar.

No obstante, Kindelán, considerando que esta competencia no era suficiente para lograr la restauración de la monarquía tras el final de la guerra, buscó –de acuerdo con el propio Franco– que se le concediese también la jefatura política de la Zona Sublevada. A ese objeto, forzó la convocatoria de una nueva reunión el 28 de septiembre en el mismo aeródromo, aprovechando que la conquista del Alcázar había tenido enormes repercusiones dentro y fuera de España, colocando al futuro dictador en una posición de fuerza. En este encuentro, Mola manifestó públicamente su oposición a la propuesta, ya que no estaba dispuesto a renunciar al proyecto político que había elaborado con Cabanellas y Queipo de Llano. Tal vez por esta razón, tanto él como el antiguo director de la *Revista de Tropas Coloniales* abandonaron la reunión después del almuerzo, permitiendo la elección de Franco sin sus votos. No obstante, durante la noche ambos se pusieron en contacto con Cabanellas. Los tres militares estaban disconformes con la elección de Franco. Cabanellas lo había hecho patente durante la reunión del 21 de septiembre, y los otros dos lo harían durante la conversación telefónica que mantuvieron. Queipo de Llano de forma explícita, Mola afirmando que no había otra alternativa, pero aceptando la autoridad política de Franco "con reservas". De hecho, poco después explicaría al político monárquico Pedro Sainz Rodríguez, que este nombramiento era provisional, "mientras durase la guerra" y que una vez terminada esta debía revisarse.

Dos días después de esta reunión, Cabanellas firmó el decreto que entregaba al general ferrolano el poder político y militar de la Zona rebelde. Tras estampar su rúbrica, se dirigió a los generales presentes diciéndoles: "ustedes no saben lo que han hecho, no le conocen como yo que lo tuve a mis órdenes. Si le dan ahora España, va a creerse que es suya y no dejará que nadie le sustituya ni en la Guerra ni tras ella, hasta su muerte". Estas palabras reflejaban esa ambición desmedida de Franco que tanto había molestado a sus superiores desde los días en que era un joven oficial.

El uno de octubre, Franco era investido como Generalísimo de los Ejércitos y jefe del Estado español. Sin embargo, a pesar de estos títulos tan solemnes, su posición no era tan fuerte. Había sido elegido por el brillante desempeño de sus columnas en la marcha hasta Madrid. Sin embargo, ni Cabanellas, ni Queipo de Llano ni sobre todo Mola estaban dispuestos a aceptar que su jefatura política se consolidase, ya que su elección era meramente provisional. Esta dinámica sería clave en las resoluciones militares que tomaría hasta la muerte de *El director* el tres de junio de 1937 porque como afirmó Lines, los factores políticos fueron tan importantes como los militares en el proceso de toma de decisiones de Franco a lo largo del conflicto.

El 1 de octubre de 1936 en Burgos.

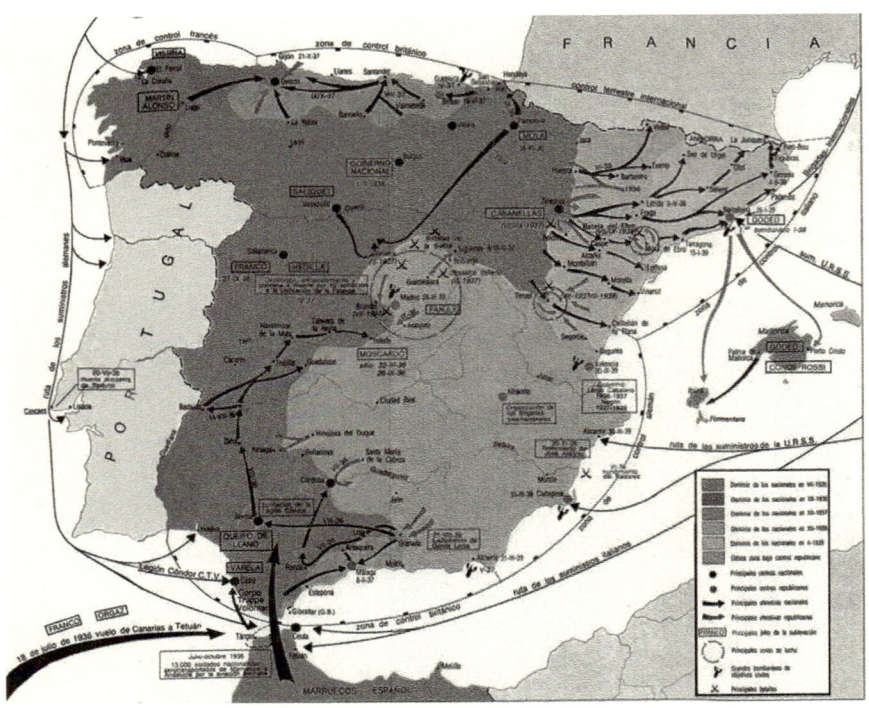

Desarrollo esquemático de la guerra.

V. GENERALÍSIMO (1936-1939)

Franco y Mola en Burgos. 1936.

¿Una Guerra larga?

En el ámbito de la historiografía española, pero también internacional, se ha desarrollado una tesis, desde los tiempos del franquismo, que defiende la idea de que el Generalísimo planteó un desarrollo lento de conflicto adrede. Los defensores de esta idea, que abarca tanto a hagiógrafos – una manifestación de su genialidad militar (Ricardo de la Cierva, Martínez Bande, Ramón Salas Larrazabal)– como a historiadores críticos –una dinámica que permitió una represión profunda del territorio conquistado o asegurar su poder político (Gabriel Cardona, Antonio Cazorla, Paul Preston, Ángel Viñas)–, se han apoyado en la documentación italiana y alemana, y en algunas declaraciones de Franco durante la contienda como, por ejemplo, las que hizo al general británico John F. C. Fuller en 1937, recogidas en su obra *The conquest of Red Spain*: "esta guerra no ha sido una guerra de campo, una guerra de trincheras o una guerra de guerrillas, sino una guerra de ciudad, y por eso es probable que resulte larga; pues cada ciudad tomada debe ser abastecida y reorganizada".

Esta tesis ha sido criticada en los últimos años por una nueva generación de historiadores (Miguel Alonso Ibarra, Javier Rodrigo o Luis Ruiz Casero), defensores de que la duración de la guerra no estuvo determinada por las decisiones de Franco, sino que fue consecuencia de diferentes dinámicas. Este planteamiento se ajusta más a la realidad porque defender la idea de una guerra larga conscientemente planificada significa aceptar dos premisas absurdas. Por un lado, que los sublevados habían triunfado en el conflicto ya en agosto de 1936 y simplemente se dedicaron a contemporizar con los tiempos durante los casi tres años siguientes. Por otro, que Franco tenía un pleno conocimiento de cómo se iban a desenvolver los asuntos mundiales en ese periodo, lo que le proporcionaba la completa seguridad de que ningún acontecimiento exterior podía afectar al desarrollo del conflicto. Evidentemente, este planteamiento resulta inaceptable. Es más, si el Generalísimo hubiera optado por plantear un conflicto largo no se hubiera obsesionado con Madrid, ciudad que intentó conquistar en numerosas ocasiones porque tenía el pleno convencimiento de que su caída significaba *de facto* el final de la contienda.

Pero, ¿cuáles fueron las razones que alargaron el conflicto durante mil días? En el campo rebelde podemos citar cuatro que ayudan, en parte, a responder a esta cuestión:

La primera y más importante fue el miedo de Franco a perder su posición de poder si fracasaba como líder militar. Fue este sentimiento el que le llevó a obsesionarse con la toma de Madrid en el otoño/invierno de 1936 para cumplir el plan de Mola –ratificado por él el 11 de agosto de 1936– y finalizar el conflicto como caudillo vencedor y el que motivo sus reticencias para trasladar el centro de gravedad de la contienda a la Cornisa Cantábrica, ya que no estaba dispuesto a permitir que su principal rival, *El director*, tomase Bilbao cuando él había fracasado en Madrid. La muerte de Mola, unida al aprendizaje que para él supusieron los fracasos anteriores y el convencimiento de que libraba una guerra europea y no *africana*, desarrollaron su capacidad estratégica y su arte operacional, lo que le llevó a plantear las sucesivas campañas en función de la posición geográfica de sus tropas. Este cambio le permitió primero dividir la Zona Republicana, más tarde atacar Valencia y tras la batalla del Ebro –combate de desgaste para romper definitivamente la resistencia republicana y acortar la guerra–, conquistar Cataluña.

La segunda, la doctrina militar *africanista* de Franco, que tuvo cuatro manifestaciones.

- La visión elitista del Ejército. El Generalísimo estaba convencido de que podía ganar la guerra con una pequeña fuerza profesional de Regulares, legionarios y soldados de las *Mehal-las* –tropas del sultán de Marruecos que colaboraban con el Ejército sublevado– fuertemente armada. Esta idea le costó desecharla, pero finalmente tuvo que aceptar que solo podía vencer con un ejército de masas construido sobre un modelo europeo.
- La defensa de la columna como agrupación básica, que fracasó de forma clara en la primera batalla de Madrid, pero que solo asumió medio año después tras el éxito de las brigadas navarras en la campaña del norte. Fue entonces, en noviembre de 1937, cuando decidió conformar su ejército sobre la base de divisiones de modelo europeo.
- La defensa de los ataques frontales como táctica predilecta, como

señaló Puell, a pesar de su fracaso en el intento de conquista de Madrid en noviembre de 1936, pero que también le costó desechar. Este planteamiento táctico no era exclusivo de Franco, sino también de la inmensa mayoría de sus generales y jefes formados en Marruecos. Sin embargo, el Generalísimo termino asumiendo que estaba librando un conflicto europeo y no colonial, inclinándose por aplicar las enseñanzas francesas de la Primera Guerra Mundial: bombardeo artillero masivo y uso de la aviación y los carros de combate para proteger grandes masas de infantería organizadas en divisiones. Igualmente terminó empleando tácticas clásicas como la persecución rápida del enemigo para impedir su reorganización. Este cambio de mentalidad quedó patente en las adiciones que realizó en 1938 en el *Reglamento para el empleo táctico de las grandes unidades. Partes principales y análisis de las mismas* (1925): "esta necesidad de la intensidad de los ataques de frente y en relación íntima con el éxito de la maniobra de flanco, es esencial en la guerra; hay que vencer la idiosincrasia que da a los combates secundarios o demostrativos una intensidad y ritmo muy inferiores a los principales, malogrando su fin, que es obligar al enemigo a gastar sus reservas", añadiendo: "el asalto se lleva a cabo cuando el desgaste se haya consumado. Esto requiere eficacia en el fuego y que las destrucciones tengan las características de potencia y de tiempo". La batalla del Ebro fue un ejemplo de estas ideas.

- No ceder jamás una posición conquistada, por pequeña e insignificante que fuese, para evitar el reforzamiento de la moral de sus enemigos. Esta obsesión inicial se iría modificando a lo largo del conflicto. Así, en Brunete (1937) pararía la ofensiva del Norte para frenar el ataque republicano, trasladando tropas. En Belchite (1937), un mes después, sin embargo, no lo haría, ordenando a sus fuerzas acuarteladas en Aragón que detuvieran la ofensiva republicana. Finalmente, durante la ocupación de Cataluña (1939), no daría ninguna importancia al intento republicano de dividir la Zona Rebelde por Andalucía, aunque supusiera la mayor pérdida de territorio durante el conflicto porque la guerra estaba ganada.

La tercera sería las dificultades intrínsecas de crear un ejército de masas para librar un conflicto europeo como terminó siendo la Guerra Civil. Esta dinámica exigía, reclutar, entrenar y armar un enorme contingente de soldados, y sobre todo encuadrarlos en unidades, lo que suponía improvisar una masa de oficiales, los célebres "alféreces provisionales". El resultado final sería un éxito porque el uno de abril de 1939 su ejército contaba de 1.090.000 hombres, 3.244 piezas de artillería y 651 carros de combate.

La cuarta, las limitaciones tácticas de los mandos rebeldes, acostumbrados a maniobrar con pequeños contingentes de tropas –columnas–, y que se vieron superados cuando tuvieron que hacerlos con grandes masas de soldados. En este sentido, resulta significativo el contenido de una misiva que Kindelán envío a Franco en diciembre de 1937: "Dávila achaca la lentitud a tener muy malos mandos divisionarios y a que nadie le hace caso […] cada Jefe está llamado por las circunstancias a mandar una unidad superior a sus capacidades". Franco intentó superar estas limitaciones con sus adicciones ya citadas al *Reglamento* (1925), donde estableció claramente las funciones que correspondían al jefe de un ejército, de un cuerpo de ejercito y de una división, insistiendo en la flexibilidad operativa: "conviene alejar del ánimo de los Mandos la idea lineal de los avances, que erróneamente conducen a paralizar la progresión de algunas Divisiones, por haber alcanzado las líneas fijadas para una fase, cuando se podía facilitar progresar hasta la siguiente u otra inmediata".

No obstante, este conjunto de procesos podía haber tenido menos trascendencia e incluso no se hubiera manifestado sí las fuerzas republicanas hubiesen seguido careciendo de organización como ocurrió en los primeros meses de la guerra. Sin embargo, esta situación cambio radicalmente con la llegada de Largo Caballero a la Presidencia del Consejo de Ministros y la creación del Ejército Popular de la República, articulado en las célebres brigadas mixtas, integradas por cuatro batallones de infantería, un escuadrón de caballería, cinco baterías de artillería, una compañía de zapadores y los correspondientes servicios. A este cambio organizativo, se sumaron dos factores de gran trascendencia. Por un lado, el material de guerra soviético –especialmente carros de combate y aviones inicialmente superiores a los italianos y alemanes entregados a Franco o que formaban parte de la *Legión Cóndor* alemana, y del *Corpo di Truppe Volontarie* (Cuerpo de Tropas Voluntarias, CTV) y la *Aviazione Legionaria* (Aviación Legionaria) italianos– que permitió armar esta fuerza militar. Por otro, las célebres brigadas internacionales, que elevaron enormemente la moral de la Zona Gubernamental. Estas dinámicas tuvieron dos consecuencias: la primera que dotaron a la II República de un Ejército moderno y bien armado, aunque limitado en sus mandos y en la capacidad táctica de sus unidades. La segunda, que Rojo –Jefe del EMC de las Fuerzas Armadas (FAS) y Jefe del Estado Mayor del Ejército Popular– tuvo que abandonar sus deseos de crear una doctrina militar española y actuar de acuerdo con la que definían a los ejércitos europeos. Estas transformaciones nos llevan a plantear otra cuestión: ¿pudo la II República vencer en el conflicto?

La respuesta a esta pregunta es no, salvo que se produjera una guerra europea donde se incardinase el conflicto español, como deseaba y buscó el sucesor de Largo Caballero a partir del 17 de mayo de 1937, el también socialista Juan Negrín. La Zona Republicana careció de la estabilidad política de la rebelde y su retaguardia nunca estuvo bien alimentada ni tuvo la solidez y firmeza de la de sus oponentes. Además, militarmente las fuerzas y los mandos rebeldes –a pesar de sus limitaciones– no solo eran superiores tácticamente, sino que tenían mejor logística. Esto no quiere decir que no hubiera podido obtener un resultado diferente de la derrota total de 1939. Si no fue así se debió a Negrín y a su principal apoyo, el Partido Comunista de España (PCE), que obligaron a Rojo a desarrollar una estrategia militar equivocada, plasmada en grandes ofensivas (Brunete en julio de 1937, Belchite en agosto de ese mismo año e incluso Teruel en las Navidades de 1937-1938) con el objetivo de frenar las campañas rebeldes y cuyo resultado final fue el desgaste y destrucción de las mejores unidades del Ejército Popular. Paralelamente, no le permitieron poner en práctica el ataque mejor planificado que elaboró este militar, el Plan P para dividir la Zona Rebelde por la línea Pozoblanco-Badajoz. En todo caso, y como muy bien señaló Anthony Beevor, si el objetivo de los líderes republicanos era resistir a ultranza, esperando una posible guerra en Europa o buscando una paz favorable con Franco, deberían haber optado por una estrategia defensiva, "constante y firme, combinada con ataques no convencionales, de guerrilla, contra la retaguardia enemiga en incursiones rápidas y múltiples a lo largo de los frentes peor defendidos", buscando el desgaste y agotamiento del Ejército rebelde. Al no optar por este planteamiento, condenaron a la República a una rendición incondicional.

Franco en el frente de Cataluña. Ofensiva que arrancó en diciembre de 1938.

El mando militar sublevado

En su célebre obra *Mis cuadernos de guerra*, Kindelán afirmó que todas las decisiones estratégicas de la Guerra Civil fueron competencia exclusiva de Franco, sin que en su definición influyese su Estado Mayor o el resto de los mandos del Ejército rebelde. Sin embargo, esta aseveración debe ser matizada, aunque numerosos historiadores la hayan utilizado para construir sus tesis sobre el papel hegemónico del Generalísimo rebelde en el origen de todas las decisiones importantes de carácter castrense. Si bien es cierto que Franco, como mando militar supremo, definió las grandes líneas estratégica sobre las que actuó el Ejército sublevado, también lo fue que, a veces, sus decisiones estuvieron influidas por el consejo de sus subordinados como ocurrió, por ejemplo, con la puesta en marcha de la Campaña del Norte, o simplemente sus ideas no se desarrollaron tal como las había planeado por la incompetencia de éstos.

La jerarquía militar en el campo rebelde se articulaba de acuerdo a la siguiente estructura. En la cúspide, Franco como Generalísimo de los Ejércitos y jefe del Ejército de Operaciones, asesorado por su Cuartel General con sede en Salamanca, del que formaba parte el Estado Mayor General. A la cabeza de este último estaba, desde el tres de octubre de

1936, el general Dávila como primer jefe, mientras el coronel Martín Moreno era segundo jefe y el teniente coronel Antonio Barroso Sánchez Guerra estaba al mando de la 3ª Sesión (Operaciones). Tres militares de su estricta confianza. A este Cuartel General también estaba agregado el vicealmirante Juan Cervera Valderrama, jefe de Estado Mayor de la Armada Nacional, y Kindelán, jefe de la Aviación Nacional. La función de este organismo era emitir las directivas estratégicas con las principales líneas sobre las que deberían articularse las diferentes campañas militares.

Los receptores de estas directivas eran los Ejércitos, inicialmente dos: el del Norte (Mola) y del Sur (Queipo de Llano). Sus Estados Mayores, dirigidos respectivamente por el coronel Fernando Moreno Calderón y el teniente coronel José Cuesta Monereo, desarrollaban estas directivas, elaborando una orden de operaciones con la respectiva idea de maniobra y las diferentes misiones asignadas a sus tropas subordinadas. Inicialmente estas eran columnas o agrupaciones de columnas, pero posteriormente fueron divisiones territoriales, brigadas, divisiones y cuerpos de ejército. Estas últimas grandes unidades tenían también sus respectivos estados mayores que perfeccionaban la orden de operaciones del Ejército, estableciendo las misiones de sus unidades subordinadas.

El Estado Mayor General era el responsable último de las órdenes de operaciones de los diferentes Ejércitos, pues si bien no los elaboraba, si las aprobaba antes de que se pusieran en marcha. Sin embargo, no podía determinar su cumplimiento porque este dependía de la competencia de los mandos subordinados, como señaló Kindelán en la citada carta a Franco de diciembre de 1937: "no existe disciplina de guerra en las altas jerarquías del Mando o por lo menos no existe lo que llamaba Foch "deseo de obedecer" que es tan necesario como la obediencia y preferible a la obediencia pasiva. Se da una orden de operaciones y se ejecuta sin voluntad plena de alcanzar los objetivos; si alguno se alcanza con facilidad bien, si no se hace, ni siquiera se buscan excusas. Este estado de ánimo se extiende a lo largo de toda la escala jerárquica desde el Jefe de Batallón al de Cuerpo de Ejército". En este párrafo quedaban reflejadas todas las limitaciones del cuerpo de oficiales español, que no podían achacarse a Franco, aunque fuera el responsable último de cualquier operación por su condición de Generalísimo.

Franco con oficiales de su estado mayor durante la Guerra Civil.

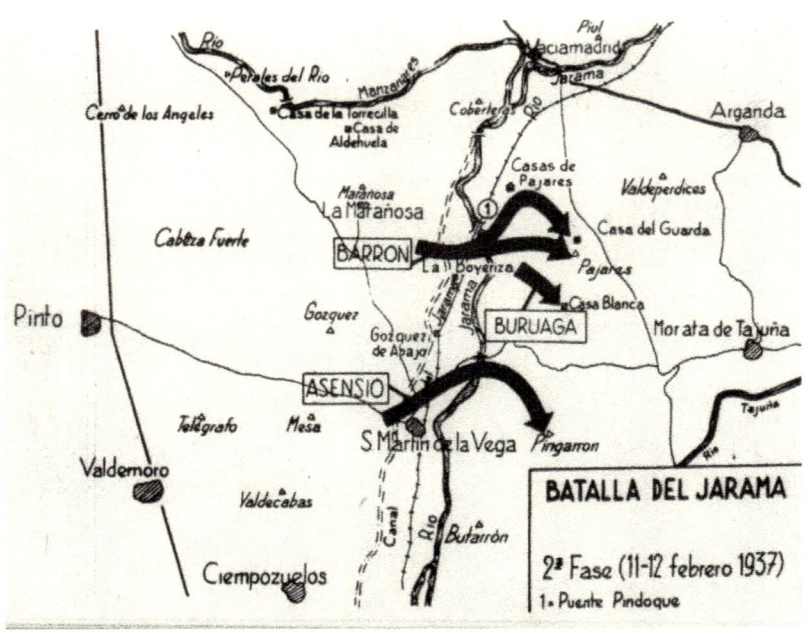

Madrid obsesión: el fracaso de la *táctica africanista*

La obsesión por la capital de España fue la manifestación más explícita de que Franco no quería una guerra larga. Entre octubre de 1936 y marzo de 1937, el ya Generalísimo intentó tomarla, utilizando dos tácticas.

La primera (octubre/noviembre de 1936), pasaba por un asalto frontal por parte de las columnas africanas; planteamiento que había tenido un éxito arrollador hasta ese momento. El encargado de diseñar el plan de ataque fue Mola como jefe del Ejército del Norte, mientras que Varela tenía el mando operativo. El primero fijo en dos directivas, del 3 y el 7 de octubre, la idea de maniobra que consistía en acercarse a la ciudad, avanzando en semicírculo en dirección este/norte para reducir la longitud del frente y estrechar su cerco. Este diseño era típicamente *africanista*, ya que lo que se pretendía era fijar a las fuerzas republicanas en el sur, entre los puentes de Segovia y Toledo, y envolverlas por el oeste en un ataque frontal, cubierto por la Casa de Campo, para penetrar en la ciudad por el paseo de Rosales, un barrio pudiente donde no se esperaba una importante resistencia. En este sentido se asemejaba a las operaciones que, a menor escala, se habían realizado en Badajoz y Toledo. El jefe del Ejército del Norte despreciaba completamente a su enemigo y consideraba que con este diseño Madrid caería fácilmente.

Franco optó por este plan en vez de por el de Varela y Yagüe que abogaban por ataques relámpago en los suburbios de la capital, a semejanza de las operaciones profundas defendidas por los militares soviéticos. Las causas que motivaron esta elección habría que vincularlas con el hecho de que el Generalísimo seguía siendo un *africanista* y, además, conocía muy bien Madrid, especialmente la zona de la Casa de Campo donde había realizado maniobras militares cuando era jefe de la I Brigada de Infantería. El peso de este ataque lo llevarían las columnas del Ejército de Marruecos, que sumaban unos 10.000 hombres frente a los 35.000 soldados dispuesto por el general Miaja y su jefe de Estado Mayor Rojo. Los republicanos iban a demostrar una notable capacidad combativa, confirmando a los rebeldes que los días donde huían ante su adversario habían terminado.

El asalto comenzó el siete de noviembre con los mismos protagonistas que en los combates anteriores, pero con un resultado muy distintos. Las columnas de Tella y Barrón fueron frenadas en el sur, en su ataque demostrativo sobre Carabanchel, mientras que Castejón no pudo penetrar en la Casa de Campo. Al día siguiente, tras ser herido y comprobar que sus fuerzas no avanzaban, declaró a un periodista norteamericano: "nosotros organizamos esta rebelión y ahora somos nosotros los vencidos". En este fracaso, que ya vislumbraba el coman-dante, jugó un papel fundamental un hecho fortuito: en la noche del siete de noviembre los republicanos destruyeron un carro de combate rebelde en cuyo interior encontraron la orden de operaciones de Varela en el cadáver del capitán legionario Manuel Vidal Cuadras. Miaja y Rojo modificaron el despliegue de las fuerzas republicanas, reforzando las posiciones en la Casa de Campo, la Ciudad Universitaria y Rosales. Por el contrario, Franco, Mola y Varela, que desconocían lo que había sucedido, continuaron con su plan inicial, siendo rechazados todos sus ataques gracias a la superioridad republicana en aviones y tanques, a pesar de que a los soldados rebeldes se les había dicho que "la acción de carros contra personal que aprovecha accidentes del suelo y está diseminado en el terreno es pequeñísima", y que, por orden de Franco, los aviones alemanes e italianos habían bombardeado la ciudad para debilitar la moral de su población. El 23 de noviembre el generalísimo y el jefe del Ejército del Norte, completamente desmoralizados, decidieron parar la ofensiva.

El análisis crítico de esta operación supervisada por Franco, aunque diseñada por Mola resulta difícil de realizar porque estuvo mediatizada por la información que, de forma fortuita, se encontraron los republicanos y que les permitió trasladar fuerzas a la zona donde se iba a producir el ataque. No obstante, resulta indudable que los generales rebeldes habían engañado a sus adversarios inicialmente, pues tanto Miaja y Rojo pensaban que la principal acometida vendría desde el sur y no desde el oeste, pero también que los primeros asaltos realizados por los rebeldes el día siete no tuvieron éxito. Es más, con independencia de que el mando gubernamental conociera la orden de operaciones de Varela, lo que quedó demostrado en esta primera ofensiva sobre Madrid fue que la doctrina militar *africanista* no era efectiva para conquistar la capital. Una fuerza escogida pero pequeña, organizada en columnas y empleada en asaltos frontales no había tenido éxito frente a un enemigo bien posicionado y armado, injustamente despreciado cuando se diseñó la operación. Este fracaso volvió a manifestarse el 29 de noviembre. Tras la frustrada ofensiva finalizada seis días antes, la línea rebelde presentaba un apuntado saliente en torno al Hospital Clínico que Varela intentó subsanar con un ataque frontal de tres tabores de Regulares y dos compañías de carros *Panzer I*, armados con cañones de 20 mm. Aunque sus fuerzas utilizaron gases tóxicos y provocaron numerosas bajas a los hombres de la 3ª Brigada Mixta que defendía la zona, no consiguieron su objetivo, observando además como sus tanques sucumbían ante los *T-26* soviéticos, armados con una pieza de 45 mm. Este combate, que se prolongó hasta el dos de diciembre, se conoció como Primera Batalla de la carretera de La Coruña.

Estos fracasos, sin embargo, no desalentaron a Franco. Pero, ¿por qué siguió insistiendo en atacar Madrid? Porque necesitaba cumplir el plan militar inicial de los sublevados y sobre todo porque necesitaba consolidar definitivamente su liderazgo en la Zona Rebelde. La conquista de la capital era, en este sentido, el acontecimiento fundamental para lograr ese objetivo. Posteriormente, autores franquistas, como el teniente general Gregorio López Muñiz, justificaron su obsesión por Madrid porque le permitía mantener la iniciativa estratégica, evitar ataques republicanos en otros frentes y sobre todo retrasar la consolidación del Ejército Popular. Sin embargo, esta tesis no resulta correcta porque podía haber trasladado el eje de la guerra al norte donde, tras los éxitos de Mola en el verano de 1936, las provincias de Vizcaya, Santander y Asturias estaban aisladas. Hubiera sido una campaña más sencilla, ya que el avance de sus tropas estaría protegido por ambos flancos: en el sur, la Zona Rebelde; en el norte, el mar Cantábrico.

Sin embargo, Franco optó por seguir atacando Madrid, aunque decidió cambiar de táctica, siguiendo las sugerencias de *El director*. El resultado fue una nueva campaña consistente en envolver la capital por el noroeste y el este, plasmado en dos directivas fechadas los días 7 y 19 de diciembre. En la primera, defendía la vuelta a los combates en campo abierto donde sus tropas resultaban imbatibles. En la segunda, planteó tres operaciones de envolvimiento que permitirían alcanzar el objetivo perseguido: "avanzar por la izquierda del frente establecido en la carretera de La Coruña, en dirección general Zarzuela, La Quinta, cruce de canales de Lozoya y Santillana, en la carretera de Francia [Autovía A-1 Madrid-Irún]. Por la derecha avanzar para cortar las comunicaciones de Madrid en Arganda, Loeches y Alcalá de Henares, llevando la línea Seseña - Valdemoro-Pinto a Cuesta de la Reina-Titulcia-Morata de Tajuña. La División de Soria, alcanzada y fortificada la línea Jadraque-Almadrones, que tomará como base de partida, avanzará rápidamente a Guadalajara. De este modo quedarán cortadas las comunicaciones de Madrid con Levante y copadas las fuerzas que quedan dentro de la bolsa".

El Generalísimo, por tanto, optaba ahora por una clásica táctica militar común en todos los Ejércitos europeos, pero la empleó de forma incorrecta, plasmando así todas sus limitaciones operacionales. Las tres acciones planteadas se iban a realizar consecutivamente, a semejanza de las fases sobre las que se había articulado el avance del Ejército de

Marruecos desde Sevilla en agosto/septiembre, y no de forma simultánea. Este diseño fue un error porque impidió saturar las defensas republicanas mediante una maniobra conjunta de doble flanqueo.

Para poner en marcha esta nueva campaña, Franco recabó fuerzas de otros frentes, alcanzando las cincuenta unidades tipo batallón, y las reorganizó según un diseño que solo puede considerarse absurdo. Así el cinco de diciembre se constituyó el I Cuerpo de Ejército, una gran unidad clásica en todos los Ejércitos europeos constituida por un conjunto de divisiones. Al frente del mismo puso al general de división Andrés Saliquet Zumeta, del que Azaña dijo: "bruto es, aunque diplomado" por su pertenencia al Cuerpo de Estado Mayor. El general de brigada Juan Quero Orozco fue elegido su jefe de Estado Mayor. Las divisiones que lo formaban eran la de "Ávila" (Jefe: coronel Ricardo Serrador. Jefe de Estado Mayor: teniente coronel Manuel Zabaleta Galbán), la de "Soria" (Jefe: general de brigada Moscardó. Jefe de Estado Mayor: teniente coronel Eduardo Casas Zaballa), la "Reforzada de Operaciones sobre Madrid y cuenca del Tajo" (Jefe: general de brigada Orgaz. Jefe de Estado Mayor: teniente coronel Luis Madariaga Espinosa), más la "brigada de Cáceres" (coronel Luis Martín Pinillos). Estas unidades, a diferencia de las que existían en los Ejércitos europeos, no eran orgánicas, sino territoriales; carentes por tanto de capacidad operativa. Tampoco eran orgánicas las brigadas que las constituían, que en el caso de la División Reforzada se denominaban también Brigadas Reforzadas, constituidas por regimientos –equivalentes a las antiguas columnas– integrados por una suma de tabores, banderas o batallones, sin ninguna relación orgánica entre sí. Esta estructura tan poco racional tenía su manifestación más patente en la "División Reforzada de Operaciones sobre Madrid y cuenca del Tajo" que el 18 de diciembre estaba integrada por 27.900 hombres, una cifra enorme para una unidad de este tipo, y cuyas dos brigadas tenían 19 batallones y cuatro centurias de Falange (I, a las órdenes del general de brigada Varela) y 17 batallones y 11 centurias de Falange (II, mandada por el coronel José Monasterio Ituarte), sin ningún parecido con las de los Ejércitos europeos, donde se constituían con 4/6 unidades tipo batallón. Por tanto, Franco seguía confiando en la columna como unidad operativa y simplemente había tomado la decisión de articularlas territorialmente, pero no orgánicamente, en unidades mayores, demostrando así su confianza en la doctrina militar *africanista*, pero también su poca flexibilidad para enfrentarse a las nuevas condiciones del conflicto.

Sobre la base de esta organización, el Generalísimo desencadenó las tres operaciones recogidas en su directiva del 19 de diciembre. La primera tuvo lugar entre el 14 y el 23 de diciembre –Segunda Batalla de la carretera de La Coruña– y el 3 y el 15 de enero de 1937 –Tercera Batalla de la carretera de La Coruña–. En estos combates, las fuerzas de Orgaz y Varela lograron ocupar Aravaca y enlazar con las posiciones de la Casa de Campo, pero no cortaron la carretera de Francia, ni penetraron en Madrid por el noroeste, ni aislaron a las unidades republicanas situadas en la Sierra de Guadarrama, aunque si conservaron los diez kilómetros de carretera que habían ocupado. Las causas de este fracaso deben achacarse a la diferencia numérica entre atacantes y defensores –20.000 frente a 45.000 hombres en la Tercera Batalla de la carretera de La Coruña– y a la poca eficiencia de la organización militar rebelde.

No obstante, este fiasco se podría haber subsanado si Franco hubiera puesto en marcha las otras dos operaciones de envolvimiento de forma simultánea. Pero no lo hizo. Primero ordenó un avance por el sureste. El objetivo elegido fue Arganda, lo que acarrearía el corte de la carretera de Valencia, para continuar después hacia Alcalá de Henares y cortar la de Barcelona. Esta ofensiva daría origen a una de las batallas más importantes de la Guerra Civil, la del Jarama, que tuvo lugar entre el 6 y el 23 de febrero de 1937, y que terminó por agotamiento de ambos contendientes, saldándose con una ligera ventaja para Franco, que logró impedir hasta el final de la guerra el tráfico rodado por el primer tramo de la carretera de Valencia, batido por la artillería emplazada en los cerros de la Marañosa. Sin embargo, este pequeño triunfo lo logró a costa de perder a 6.000/7.000 de sus mejores hombres.

El 15 de febrero, cuando la situación en el Jarama todavía le era favorable, Franco ordenó al general de brigada Mario Roatta alias *Mancini*, jefe del CTV y cuyas tropas acababan de tomar Málaga siete días antes, que se uniera a la División de Soria para desencadenar la tercera operación de su plan: un ataque sobre Guadalajara que embolsaría Madrid por el nordeste. El CTV, a pesar de la leyenda negra que tiene hasta nuestros días, era un excelente cuerpo de ejército mecanizado compuesto por 31.218 hombres, 2.000 vehículos blindados y carros de combate y una importante masa artillera, que lo convertían en una unidad de combate muy superior a las fuerzas españolas que combatían en ambos bandos. Su misión era avanzar por la zona comprendida entre los ríos Henares y Tajuña, tomar Guadalajara y enlazar en Alcalá de Henares con las tropas que se batían en el Jarama. Franco dio plena autonomía a Roatta para el planteamiento y desarrollo de la operación, que sería apoyada por una de las brigadas de la División de Soria. Sin embargo, cuando esta nueva ofensiva se inició el ocho de marzo, la batalla del Jarama ya había finalizado sin que los rebeldes consiguieran sus objetivos. En los 15 días siguientes, el mal tiempo dificultó el avance de los medios acorazados, lo que, unido al rápido despliegue republicano, trajo como consecuencia el fracaso de este nuevo ataque, a pesar de que los rebeldes habían avanzado veinte km. desde su base de partida. A este fracaso se unió el del Ejército del Sur en su intento de capturar Pozoblanco (Córdoba) el 24 de marzo.

Los rebeldes habían perdido la iniciativa estratégica. Franco había fracasado en Madrid y Queipo de Llano en Córdoba. Estos fiascos fueron consecuencia en parte del excelente comportamiento de las tropas y mandos republicanos, especialmente el coronel Joaquín Pérez Salas en Pozoblanco. Este jefe sería fusilado en Murcia el cuatro de agosto de 1939. Su hermano Jesús, también militar republicano, le rendiría homenaje en sus memorias: "la defensa de Pozoblanco es la más brillante página de nuestra guerra y la única victoria republicana que se debió, en gran parte, a las excepcionales cualidades del jefe que mandaba el sector". Mientras que en Madrid, el fracaso de la campaña de envolvimiento tuvo otras causas: la primitiva organización militar de los rebeldes, su inferioridad numérica –en la batalla del Jarama se enfrentaron 35 batallones del Infantería rebeldes contra noventa republicanos–, el desprecio del Generalísimo por los mandos y soldados republicanos, cuyas unidades estaban mejor organizadas que las suyas, y sobre todo la incapacidad operacional de Franco, manifestada en sus limitaciones para organizar y dirigir una campaña con una gran masa de soldados porque nunca lo había hecho con anterioridad. Los meses sucesivos serían un aprendizaje para él en este campo.

El frente de la Casa de Campo en 1937. Los zapadores cambiaban las trincheras según las circunstancias.

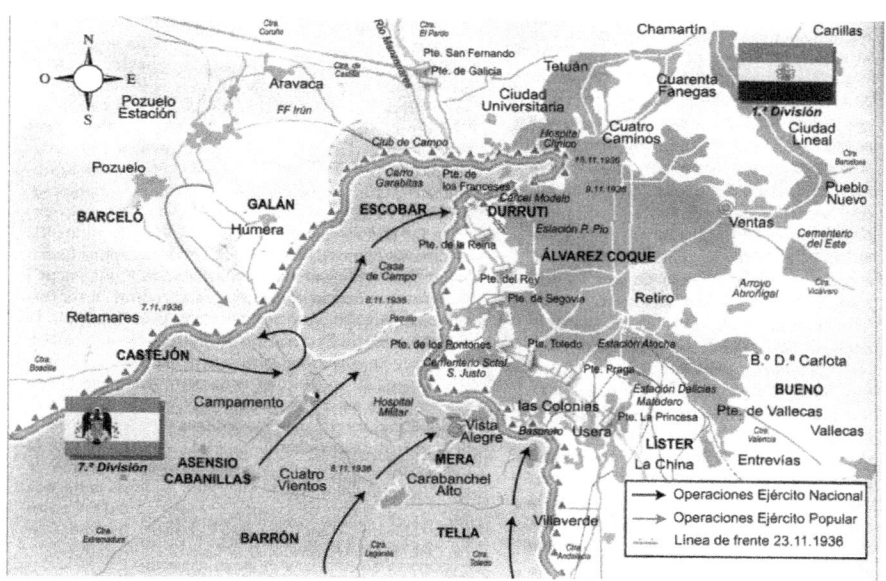

El avance y la resistencia de Madrid. En Tomás Allende puzzle@puzzledelahistoria.com

EL CERCO SOBRE MADRID

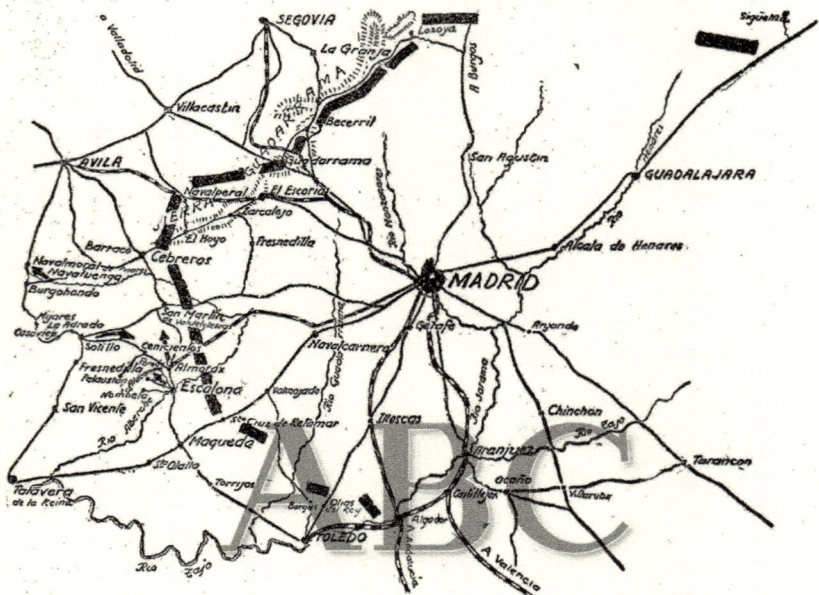

La línea de trazo grueso, que es la que ocupa el Ejército libertador, indica cómo ha quedado establecida, después de las operaciones de ayer, una verdadera tenaza, que aprisiona a la capital de España. Desde el Tajo, por Olías del Rey, hasta Sigüenza, ayer mismo ocupada, se extienden las tropas de los generales Mola y Varela, bajo el mando del ilustre jefe del Estado, general Franco, sin solución de continuidad. Durante la última jornada se hizo la soldadura del frente por San Martín de Valdeiglesias, mientras por la Sierra de San Vicente se operaba en las direcciones que indican las flechas para encerrar una fuerte columna enemiga en la bolsa de Escalona. Por medio de una hábil y audaz maniobra, quedó cerrado el saco de Escalona, cuyos vértices son Talavera, Maqueda, San Martín de Valdeiglesias y Sotillo. El gráfico es suficientemente elocuente, para que el más profano advierta que la caída de Madrid es inminente.

Ubieto, 1984.

La Campaña del Norte: un nuevo ejército

El fracaso del invierno de 1937 no desalentó a Franco. El Generalísimo seguía convencido de que la capital era "la clave del arco de la guerra" como escribió Martínez Bande porque le permitiría consolidar su posición en la Zona Sublevada. Por tanto, era necesario continuar las operaciones con el objetivo de conquistarla. Sin embargo, no todos los mandos rebeldes pensaban igual. En el Norte, tanto Mola como uno de sus hombres de confianza, el teniente coronel Juan Vigón Suero-Díaz, consideraban que era necesario cambiar el eje de la guerra, trasladándolo a otro teatro de operaciones: el Cantábrico. A través de Kindelán, hicieron llegar su propuesta a Franco que no la recibió con agrado. Esta posición contraria no solo se vinculaba con causas militares –bascular el eje del conflicto al Norte rompía la estrategia que había fijado donde Madrid era el primer objetivo–, sino sobre todo políticas, tan importantes para él como las anteriores. Desde diciembre, tanto Cabanellas como *El director* habían venido insistiendo en la necesidad de poner en marcha el plan político de la sublevación, lo que implicaba que el Generalísimo cediese el gobierno de la Zona Rebelde a un directorio militar presidido por Mola. En una reunión de generales el 23 de enero de 1937, el antiguo presidente de la Junta de Defensa Nacional de España dio a Franco los nombres de los integrantes de ese órgano colegiado:

Presidente:

* General de división Emilio Mola Vidal

Vocales:

* General de división Gonzalo Queipo de Llano
* General de división Fidel Dávila Arrondo
* General de brigada Juan Yagüe Blanco
* General de brigada Antonio Aranda Mata

Franco obvió el tema no dando respuesta a la propuesta de Cabanellas, pero el peligro persistía, máxime si se daba a Mola la oportunidad de conquistar la tercera ciudad de España, Bilbao. Finalmente, accedió de mala gana, abandonando su plan de ataque sobre Madrid. Años después, en su obra el *ABC de la batalla defensiva* (1944) justificaría esta decisión porque no quería destruir la ciudad ni castigar a sus habitantes: "era cosa nuestra y querida y que habíamos de conservar, por el respeto y consideración de las vidas civiles en que se escudaba el Ejército rojo, Madrid no se quiso tomar". La decisión del Generalísimo fue aplaudida por sus aliados alemanes que codiciaban el hierro de Vizcaya. El jefe de Estado Mayor de la Legión Condor teniente coronel de la Legión Condor Wolfram von Richthofen consideró que esta decisión le permitía sobreponerse al fracaso de Madrid, como escribió en la entrada de su diario del 19 de marzo de 1937: "Franco prepara una operación de contrapropaganda en Bilbao".

Esta campaña, desarrollada entre el 31 de marzo y el 21 de octubre de 1937, iba a estar protagonizada desde el punto de vista militar por las unidades mejor organizadas del Ejército rebelde: las brigadas de Navarra. El origen de estas unidades estaba en las operaciones que Mola había realizado como jefe del Ejército del Norte contra Guipúzcoa en el verano de 1936 y que habían culminado con la conquista de Irún y de San Sebastián los días 21 y 24 de septiembre respectivamente. Durante estos combates, *El director*, con el apoyo del coronel Moreno Calderón, del coronel José Solchaga Zala, del teniente coronel Vigón y del comandante Carlos Martínez de Campos (jefe de la Artillería), comenzó a crear una nueva fuerza militar europea en torno a las unidades militares acuarteladas en el norte peninsular, soldados de reemplazo, voluntarios falangistas y sobre todo carlistas. El resultado final fueron unas potentes brigadas que ya no eran una suma de unidades tipo batallón como las del I Cuerpo de Ejército, sino que estaban dotadas de una estructura orgánica, poseían su propio estado mayor, y estaban constituidas por batallones de infantería, baterías de artillería, fuerzas de zapadores y transmisiones, y los correspondientes servicios. Esta estructura les permitía operar como unidades plenamente independientes, a semejanza de lo que ocurría en los Ejércitos europeos. No obstante, su ventaja no estaba únicamente en su organización, sino también en sus mandos. Su general-jefe y su jefe de Estado Mayor eran dos excelentes militares, Solchaga y Vigón; estaban mandadas por un grupo de jefes de gran capacidad táctica, entre los que destacaban los tenientes coroneles Rafael García Valiño y Agustín Muñoz Grandes, y finalmente en sus estados mayores estaban destinados algunos de los militares que en los años sesenta del siglo XX constituirían la élite del Ejército español y los responsables de su modernización: José Daniel Lacalle Larraga, Rafael

Cabanillas Prosper, Manuel Díez-Alegría Gutiérrez, Fernando González-Camino y Aguirre o Ángel González de Mendoza y Dorvier.

Estas unidades, sin embargo, tenían un problema: el número de combatientes. El 31 de marzo solo se habían organizado cuatro brigadas, que sumaban 27.000 soldados. Franco solo permitió la adición de otra unidad del mismo tipo, la hispano-italiana "Flechas Negras" (8.000 hombres). En total Mola disponía de unos 35.000 hombres y más 200 piezas de artillería coordinadas por Martínez de Campos. Aunque contaban con un fuerte apoyo aéreo proporcionado por la *Legión Condor* (general Hugo Sperrle) y la *Aviazione Legionaria* (general Vincenzo Velardi) y con la flota rebelde, que tenía la misión de bloquear los puertos republicanos, se trataba de un contingente muy escaso para enfrentarse a los 150.000-200.00 hombres y las 277 bocas de fuego de las que disponía el general de brigada Francisco Llano de la Encomienda, jefe del Ejército del Norte republicano. Así, lo reconoció Velardi en un informe del 23 de abril para el mariscal Italo Balbo, ministro del Aire: "toda la ofensiva es conducida con una cantidad insuficiente de fuerzas terrestres [...]. No sólo no existe una masa de reserva central, sino que la Infantería y la Artillería son numéricamente insuficientes". Por su parte, Sperrle no dudó en escribir a Franco el 11 de abril de 1937: "A juicio del que suscribe, se han emprendido estas operaciones con escasas fuerzas en relación con el objetivo a alcanzar, terreno a recorrer y trascendencia que en lo militar y político habrían de tener para la campaña", añadiendo que existían fuerzas inactivas en otros Frentes, como Madrid, Soria, Santander o Galicia, que podrían emplearse en Vizcaya. Pero, el Generalísimo no estaba dispuesto a proporcionar a Mola una gran victoria, por lo que incluso se guardaba una carta: las negociaciones secretas con los nacionalistas vascos, utilizando la intermediación del Vaticano, para lograr su rendición sin lucha y sin represalias. No culminaron con éxito.

A pesar de esta inferioridad numérica, los rebeldes se dispusieron a conquistar la Cornisa Cantábrica. Contaban con dos notables ventajas. Por un lado, su superior organización. Por otro, la división de las fuerzas republicanas, pues el Ejército del Norte solo era un ente administrativo, formado por tres cuerpos de ejército –Vasco (I), Santanderino (II) y Asturiano (III)– que actuaban autónomamente. El objetivo inicial fue Vizcaya, donde hicieron un uso intensivo de la aviación como sustituta de la infantería, como quedó patente en los bombardeos de Durango (31 de marzo) y Guernica (26 de abril). A pesar de las dificultades iniciales, que llevaron a la creación de dos nuevas brigadas de Navarra (V y VI), las tropas de Mola progresaron en dirección a Bilbao. Sin embargo, el general no entraría en esta ciudad, ya que murió en un nunca aclarado accidente de aviación el tres de junio. Franco recibió la noticia con notable indiferencia y nombró al fiel Dávila como su sustituto. Fue este general el que tomó Bilbao el 19 de junio y culminó la conquista del resto de la provincia. Paralelamente, se creó el nuevo Ejército del Centro a las órdenes de Saliquet.

El objetivo siguiente era Cantabria. Sin embargo, el ataque sobre esta provincia quedó momentáneamente detenido como consecuencia de la acción desencadenada por Rojo en Brunete (Madrid) el seis de julio con el objetivo de frenar la ofensiva rebelde. Esta operación, muy bien planificada, como han defendido Blanco Escolá o Puell, se prolongó hasta el día 26 del mismo mes, constituyendo una auténtica batalla del desgaste. El resultado fue un completo fracaso, ya que no se logró el objetivo perseguido, no se arrebató terreno a los rebeldes, supuso más de 25.000 bajas para el Ejército Popular y sobre todo destruyó la moral adquirida tras la brillante defensa de la capital. Fue la primera de las operaciones diseñadas por este militar que contribuyeron a debilitar la resistencia de las fuerzas republicanas y a imposibilitar una estrategia de defensa a ultranza. Pero, esta batalla tuvo otros dos componentes: la brillante actuación de dos brigadas de Navarra (IV y V) y la negativa de Franco a permitir que los republicanos pudieran arrebatarle cualquier porción de territorio, por mínima que fuese, ya que sería una victoria moral que aumentaría su capacidad de resistencia.

Tras esta batalla, se reinició la ofensiva en el Norte. Cantabria fue ocupada tras una breve campaña desarrollada entre el 14 de agosto y el uno de septiembre en la que Dávila contó con las tropas del CTV, además de las brigadas de Navarra. Resulta significativo que, una vez muerto Mola, Franco no tuviese ningún problema en enviar tropas a la Cornisa Cantábrica, aunque la batalla de Brunete había demostrado que los republicanos podían atacar paralelamente en otros frentes. De hecho, mientras las tropas de Dávila avanzaban en dirección a Santander, Rojo desencadenó una nueva ofensiva para detener la ocupación de este territorio. El objetivo fue el pueblo zaragozano de Belchite. Franco, esta vez, no detuvo la Campaña del Norte para neutralizarla ni trasladó tropas de otros frentes. Esta operación tuvo el mismo final que la de Brunete: una sangrienta batalla que se prolongó entre el 24 de agosto y el seis de septiembre de 1937 y que no detuvo el avance rebelde en el Norte, aunque supusiera una mínima ganancia territorial para la República a cambio de 9.000 bajas. Por tanto, ambas ofensivas del jefe del Estado Mayor del Ejército Popular solo sirvieron para debilitar las fuerzas militares republicanas.

El último episodio de esta campaña fue la conquista de Asturias, donde la resistencia fue mayor de la esperada, lo que obligó a los rebeldes a una dura lucha que se prolongó desde el uno de septiembre hasta el 21 de octubre. Tras la conquista de este territorio, el Frente Norte estaba liquidado. Numerosos soldados republicanos se refugiaron entonces en los montes desde donde desencadenaron acciones guerrilleras contra los ocupantes.

El resultado final de este conjunto de operaciones fue muy favorable para Franco, aunque inicialmente no fuese de su agrado ni tuviera una participación activa en el desarrollo de la misma, porque le proporcionó notable ventajas:

- Desde el punto de vista político supuso la muerte de su principal rival, Mola, y la salida del conflicto del católico y conservador Partido Nacionalista Vasco (PNV), cuyos batallones se rindieron al CTV el 24 de agosto. La deserción de esta organización política permitió al bando rebelde presentarse definitivamente como defensor de la fe católica. Además, coincidió cronológicamente con la publicación del decreto del veinte de abril de 1937 que unificó todas las fuerzas políticas que habían apoyado la sublevación en un nuevo partido denominado Falange Española Tradicionalista y de las Juntas de Ofensiva Nacional Sindicalista, cuyo jefe era el propio Franco. Esta decisión, junto a la muerte de *El director*, consolidó definitivamente su posición política.

- Desde el punto de vista económico permitió a los rebeldes controlar los grandes recursos mineros de la zona, especialmente el hierro vizcaíno sobre el que habían puesto sus ojos los alemanes; dotándoles de una posición definitiva de superioridad sobre sus enemigos.

- Desde el punto de vista militar demostró a Franco la superioridad de la organización en unidades clásicas. A partir de noviembre de 1937, las brigadas de Navarra se transformaron en divisiones orgánicas y la misma estructura se extendió por el resto de las unidades rebeldes.

La columna como agrupación básica de combate quedó abandonada. Pero, sobre todo esta campaña decidió la guerra, como reconocieron, desde posiciones opuestas, el socialista Indalecio Prieto, ministro de Defensa Nacional en el Gobierno Negrín, y Kindelán. Paralelamente, las batallas de Brunete y Belchite contribuyeron a debilitar al Ejército Popular.

De Teruel al Mediterráneo

La Campaña del Norte había trasladado el eje de la guerra al norte peninsular donde ahora estaban las mejores unidades rebeldes. Ante esta tesitura, Franco, que ya no tenía la presión política anterior que le obligaba siempre a mirar a Madrid, ordenó a su Estado Mayor elaborase diferentes directivas operacionales. En la primera, del 16 de septiembre, se recogía la idea de utilizar las excelentes divisiones de Navarra en una ofensiva desde el río Gallego al Segre, para ocupar Lérida en una primera fase. Pronto se desechó porque el invierno era inminente. En la segunda, se definían las líneas básicas de un avance por el Ebro hasta el Mediterráneo, con el objetivo de dividir la Zona Republicana. También se consideró inviable porque no se disponía de las fuerzas para hacerla. Ante la imposibilidad de poner en marcha las dos anteriores, se diseñó una tercera, el 28 de noviembre de 1937, que suponía una vuelta a los orígenes: ocupar Madrid: "I. Fijar al enemigo en los frentes de Somosierra al del Jarama, acentuando en ellos nuestra actividad en momento oportuno. II. Atacar lo antes posible, en cuanto las circunstancias climáticas lo consientan, con la masa concentrado tras el frente Cogolludo-Saelices, avanzando entre los ríos Torote y Tajo, pare alcanzar la línea jalonada por dichos ríos Torote-Loeches-Chinchón y, en su caso, avanzar hasta Torrejón de Ardoz (Puente de San Fernando) y línea del Jarama".

Esta campaña era un remedio de las ya desarrolladas anteriormente, aunque esta vez se utilizarían las nuevas unidades creadas tras la Campaña del Norte. La idea era avanzar desde Guadalajara para cortar la carretera de Valencia entre Arganda del Rey y el Tajo. Los protagonistas serían tres cuerpos de ejército –Castilla (Varela), Marroquí (Yagüe) y CTV (general de división Mario Berti)– que avanzarían en paralelo hacia Torrejón de Ardoz, Loeches y Chinchón respectivamente. Por tanto, Franco recuperaba el mismo plan que había fracasado en el primer trimestre del año: el envolvimiento de la capital. Pero lo hacía convencido de que esta vez tendría éxito, después de la rotunda victoria alcanzada en el Cantábrico y la masa de tropas que iba a emplear. De la misma opinión era Kindelán que tenía "la certeza de que en dos semanas Madrid caía en nuestro poder, sin que bastaran a impedirlo las reservas rojas". Tras la conquista de esta ciudad, sus tropas se lanzarían a cortar en dos la Zona Republicana en las inmediaciones del Ebro. Esta operación nunca se pondría en marcha. Sin embargo, en las acciones que tendrían lugar a partir de este momento, Franco iba a manifestar una notable capacidad operacional.

Paralelamente, y para hacer frenar el nuevo ataque sobre Madrid, Prieto ordenó a Rojo que ocupase Teruel. Se trataba de una operación limitada, pero con un fuerte impacto político y militar, pues, desde el comienzo del conflicto, el Ejército Popular no había recuperado ninguna capital de provincia y su moral estaba baja tras sus últimos fracasos. La ocupación de la pequeña ciudad aragonesa podía ser aprovechada por la propaganda para revertir esta tendencia. Lo que ambos ignoraban era que, con esta operación, el eje de la guerra se iba a trasladar al Mediterrá-neo, desencadenando una ciclogénesis explosiva que culminaría con la casi completa destrucción de las fuerzas militares republicanas.

El 15 de diciembre de 1937 las tropas gubernamentales iniciaron el asalto a Teruel, una urbe de poco más de 13.000 habitantes. Tras duros combates, la ciudad cayó el día 21, aunque la resistencia rebelde continuó en el edificio del Gobierno Civil y en el Seminario. Franco inmediatamente suspendió el ataque sobre Madrid y ordenó a sus fuerzas que recuperasen la ciudad aragonesa con premura para que su conquista no pudiera reforzar la moral republicana, ni desprestigiarle en el exterior. Para lograr este objetivo iba a emplear nueve divisiones de infantería, una de caballería, 484 piezas de artillería y la *Legión Cóndor*, bajo el mando de Dávila. A pesar del gélido invierno y del fin de la re-sistencia rebelde en el interior de la ciudad el siete de julio, las divisiones de Franco avanzaron con dificultad provocando el desmoronamiento de la resistencia republicana, pero sin lograr recuperar la ciudad mediante un asalto frontal. Ante esta tesitura, el Generalísimo ordenó el envolvi-miento de Teruel mediante maniobras en amplios espacios y guerra de movimientos. Para ello utilizó los cuerpos de ejército de Varela, Yagüe y Aranda (Galicia), más la excelente 5ª División de Navarra y la de caballería, bajo el mando del general Monasterio. El resultado fue la brillante victoria en la batalla del Alfambra (5-7 de febrero de 1938), que causó 15.000 bajas a los republicanos. Teruel caería el 22 de febrero, a pesar de los refuerzos enviados por Rojo, tras una nueva maniobra de envolvimiento. Con esta victoria terminó la batalla más sangrienta de la

Guerra Civil que había ocasionado 100.000 bajas a los dos bandos y que destrozó la moral de las fuerzas republicanas de la zona. Además, fue una demostración de que el Generalísimo rebelde había aprendido a mover grandes masas de hombres

No obstante, las verdaderas consecuencias de este combate se manifestarían poco después, tal como Franco había plasmado en el *Reglamento*: "no hay victoria completa sin persecución; este es el fin a alcanzar; los demás son medios para alcanzar este fin". Esta idea se convertiría en una constante de su acción hasta el final del conflicto. Por el contrario, Rojo, que pensaba, con razón, que tras dar descanso a sus tropas, Franco volvería a poner en marcha su proyectada operación contra Madrid, tal como había hecho tras las batallas de Brunete y Belchite con la Campaña del Norte, decidió retirar parte de sus agotadas y diezmadas unidades. Se equivocó completamente porque no fue capaz de percibir el cambio operado en el Generalísimo rebelde tras la consolidación de su hegemonía política y la experiencia que había adquirido en el manejo de un ejército de masas. Franco iba a tomar dos importantes decisiones de forma inmediata. La primera, recuperar la totalidad del territorio perdido el año anterior, especialmente Belchite. La segunda, en un ejemplo de capacidad estratégica y operacional, aprovechar la presencia de sus tropas en la zona para poner en marcha las ideas contenidas en las dos primeras directivas elaboradas en el otoño de 1937 por su Estado Mayor y que había desechado en noviembre: avanzar desde el Gallego hasta el Segre por un lado y, por otro, progresar por el curso del Ebro para dividir la Zona Republicana. Las tropas rebeldes iban a conseguir ambos objetivos en cuarenta días tras una serie de hábiles maniobras en espacios abiertos con una amplia masa de infantería.

La primera, desencadenada entre el 9 y el 14 de marzo le permitió avanzar por el curso sur del Ebro hasta alcanzar Alcañiz en el valle del Guadalope, situándose a cien km de la costa mediterránea.

La segunda, que tuvo lugar entre el 22 de marzo y el 15 de abril, se desarrollo en el curso norte de dicho río y le dio la oportunidad no solo alcanzar el valle del Segre y ocupar Lérida, sino también destruir a las fuerzas allí situadas y asegurar su flanco izquierdo contra cualquier ataque republicano.

La tercera, desarrollada en la ribera sur del Ebro entre el 24 de marzo y el 19 de abril, le permitió llegar a las playas de Vinaroz y Benicarló (Castellón de la Plana) el 15 y ocupar Amposta (Tarragona) el 18 y Roquetas (Tarragona) al día siguiente, dividiendo la Zona Republicana. Sin embargo, las fuerzas franquistas no pudieron evitar que 25.000 soldados republicanos cruzaran el Ebro y se refugiaran en Cataluña, donde formaron la Agrupación Autónoma del Ebro, integrada por dos cuerpos de Ejército, que quedó a las órdenes del coronel comunista Juan Guilloto, alias *Modesto*.

A pesar de este contratiempo, la actuación de Franco en este periodo fue, sin duda, la más brillante del conflicto, ya que demostró su capacidad para emplear los recursos disponibles de la forma más eficaz y, además, diseñar una brillante campaña que terminó en un triunfo sin paliativos, que supuso la derrota de las fuerzas republicanas que guarnecían Aragón y Cataluña, y que, según Rojo, tuvieron 70.000 bajas. Es decir, demostró capacidad estratégica y operacional, producto del aprendizaje de los meses anteriores.

La victoria de los rebeldes en la contienda se había confirmado definitivamente. Sin embargo, las decisiones posteriores del Generalísimo iban a provocar que se alargase… ¿innecesariamente?

Partido entre republicanos y nacionales en el frente de Aragón. Fot. Anónimo. Col. Armero.

La ofensiva del Levante

La primera resolución del Cuartel General de Salamanca, tomada por unanimidad, fue ampliar el territorio ocupado en la costa mediterránea avanzando hacia el sur en dirección Valencia, siguiendo la línea Teruel-Sagunto. Era una acción ortodoxa desde un punto de vista militar, justificada porque las principales unidades rebeldes estaban situadas al sur del Ebro y las tropas republicanas eran muy débiles en la zona. Había, por tanto, que "perseguir al enemigo" y culminar la campaña de Aragón. Esta operación permitiría derrotarlas, ampliar el territorio conquistado al sur del Ebro e impedir así cualquier ataque que pretendiese unir Cataluña con el resto del territorio republicano de nuevo. Además, habría la posibilidad de poner en marcha una campaña semejante a las que habían permitido dividir la Zona Republicana, que culminarían con la conquista de Valencia. Este hecho hubiera supuesto para la República el golpe definitivo, al perder el principal puerto por donde llegaba la ayuda soviética. De hecho, tras la conquista de Gijón el 21 de octubre de 1937, Franco había ordenado a la flota rebelde que se trasladase al mar Mediterráneo y bloquease todos los puertos republicanos en este teatro de operaciones con el objetivo de impedir la llegada de material bélico para el enemigo. Esta misión se había encomendado al vicealmirante Francisco Moreno Fernández, jefe de las Fuerzas de

Tierra, Mar y Aire del Bloqueo del Mediterráneo, cuyo puesto de mando se situó en Palma de Mallorca. Finalmente, la conquista del Levante dejaría completamente aislado el territorio republicano al sur del Ebro, facilitando así su conquista y la posterior ocupación del Principado.

Sin embargo, esta operación no era la única que podían emprender las fuerzas rebeldes. La otra opción hubiera sido avanzar desde el Segre y el norte del Ebro en dirección a Barcelona y Gerona para conquistar la totalidad de Cataluña donde residía el Gobierno republicano. Esta opción era incluso más factible –para sus defensores– que la progresión por la costa mediterránea, ya que esta región estaba pobremente guarnecida tras las recientes derrotas y la ofensiva avanzaría en dos direcciones oeste-este y sur-norte. Sin embargo, no fue considerada por Franco. La explicación de esta negativa ha sido objeto de un interesante debate historiográfico donde se distinguen tres tesis:

1) Los que la justifican por el temor a un ataque de Francia si veía su frontera sur ocupada por un régimen hostil, como consecuencia de la tensión existente en Europa tras la anexión alemana de Austria el 12 de marzo de 1938 (Beevor, De La Cierva, Juan Pablo Fusi, Jensen, Salas Larrazabal). Martínez Parrilla, a través del estudio de la documentación militar de este país, ha demostrado que en Paris se discutió esta posibilidad. Además, Franco había recibido un informe elaborado por un agente rebelde donde se explicaba que ya, en 1937, el Ejército francés había realizado maniobras militares de cierta envergadura cerca de la frontera, con una fuerza permanente estimada entre 25.000 y 30.000

hombres, cuyo fin era preparar una intervención al sur de los Pirineos.
2) Los que la presentan como una manifestación de la incompetencia
militar de Franco (Carlos Blanco Escolá, Cazorla y James Corum).
3) Los que la vinculan con el deseo de Franco de prolongar innecesariamente la guerra para implementar la represión (Preston).

En todo caso, estos planteamientos se sostienen sobre un hecho
difícil de demostrar –una fácil campaña de conquista de Cataluña– y dos
acontecimientos que se produjeron después: el fracaso de la ofensiva del
Levante y el cruce del Ebro por el Ejército Popular que daría origen a la
batalla del Ebro. En relación con el primero, en abril de 1937 la
República disponía en Cataluña de las siguientes unidades: en Lérida, el
Ejército del Este (coronel Juan Perea Capulino) integrado por cuatro
cuerpos de Ejército (X, XI, XII y XVIII) que sumaban once divisiones,
y al norte del Ebro, las fuerzas de Modesto, con dos cuerpos de ejército
(V y XV) con cinco divisiones, que sumaban en total más de 130.000
hombres, articulados en 45 brigadas mixtas. Si bien su valor militar
–según el mejor conocedor del Ejército Popular, Salas Larrazabal– era
limitado por las recientes derrotas, "todavía era fuerte". Además, el Gobierno de Negrín emitió los días 5 y 6 de abril dos directivas para la
creación de seis líneas de defensa en Cataluña. Al sur del Ebro se situaban en la zona levantina los restos del Ejército de Maniobra (coronel
Leopoldo Menéndez), muy castigado en la ofensiva de Aragón, consti-
tuidos por dos cuerpos de ejército (XII y XXI) con seis divisiones, y más
al sur el Ejército de Levante (coronel Juan Hernández Saravia) con el
XIII Cuerpo de Ejército (seis divisiones fresca y completas de efectivos).

Además, en abril, los franceses permitieron la entrada en España de una importante cantidad de armas soviéticas. Rojo las utilizó para armar a a las tropas destacadas en Cataluña y otras que se constituyeron a partir de nuevos llamamientos a filas. A estas fuerzas habrían de sumarse los más de 350.000 hombres encuadrados en los Ejércitos del Centro, Extremadura y Andalucía.

Estas cifras eran importantes porque ponen en cuestión la idea de que la ocupación de Cataluña era una sencilla operación militar, ya que a la resistencia en este territorio habría que sumarle dos posibles operaciones republicanas. Por un lado, el ataque contra las fuerzas franquistas en la ribera sur del Ebro para forzar el cruce del río en sentido sur-norte y atacar la retaguardia de los cuerpos de ejército rebeldes que avanzaban por Tarragona en dirección a Barcelona. Por otro, la ofensiva sobre Extremadura en el eje Pozoblanco-Badajoz, el famoso Plan P elaborado por Rojo. Esta hipótesis que planeamos esta corroborada por los hechos posteriores: en julio los republicanos cruzaron el Ebro, aunque en sentido contrario, y en enero de 1939, precisamente cuando las tropas de Franco avanzaban en dirección a Barcelona, se puso en marcha el Plan P, arrebatando a los rebeldes más territorio que en cualquier otra operación de la Guerra Civil.

La conclusión que se extrae de este análisis es que la Ofensiva del Levante no era una idea descabellada. El error estuvo en su planteamiento, ya que las fuerzas rebeldes deberían haber avanzado por la carretera Teruel-Sagunto y no a través del agreste Maestrazgo, y sobre todo en su prolongación temporal. Pues, las operaciones que se desarrollaron en abril y mayo tenían una clara lógica militar: acabar con las fuerzas republicanas situadas en la cercanía del Ebro y ensanchar el territorio controlado al sur de este río hasta conformar un glacis protector lo suficientemente sólido para impedir cualquier acción republicana en ayuda de las tropas que luchaban en Cataluña. Sin embargo, durante el mes de mayo, la ofensiva comenzó a estancarse por la dureza del terrero, las lluvias y la resistencia y afluencia de fuerzas republicanas. En ese momento Franco debería haber detenido la campaña y ordenado a sus fuerzas que avanzaran desde el norte del Ebro sobre Cataluña o que cayesen sobre Madrid, las dos operaciones que Kindelán le propuso a finales de ese mes.

La Ofensiva del Levante se inició el 23 de abril. Los protagonistas fueron los cuerpos de ejército de Castilla (Varela) y de Galicia (general de brigada Antonio Aranda Mata), sumándose más tarde, con una muy brillante actuación, la Agrupación de Enlace, a las órdenes del mejor táctico rebelde, el coronel García Valiño. Estas fuerzas avanzaron sin dificultades hasta que el temporal de lluvias que se desató el día 28, impidió continuar la ofensiva. Este fenómeno climático fue aprovechado por el mando republicano para reforzar sus defensas. Cuando las operaciones se reanudaron, el avance rebelde fue mucho más lento y debería haberse detenido tras la ocupación de la línea El Pobo-Allepuz-Fortanete el 14 de mayo. Los rebeldes ya habían desbaratado cualquier fuerza capaz de atacar su retaguardia y habían conquistado el suficiente territorio para asegurar su posición al sur del Ebro. Franco así lo entendió y el día 18, tras un nuevo temporal de lluvias, planteó detener la campaña y volcar, ahora sí, todas sus fuerzas sobre Cataluña. Sin embargo, no lo hizo, a pesar del consejo de Kindelán. Tal vez creyó que, tras superar las fortificaciones del Puerto del Escandón por Varela y la ruptura del frente costero por Aranda, acciones que tuvieron lugar el 28 de mayo, lograría sus objetivos. Es decir, confió en la *Baraka* en vez de en su visión estratégica y operacional. Fue su mayor error militar en la contienda, pues si bien sus fuerzas lograron conquistar Castellón de la Plana el 14 de junio, la ofensiva volvió a detenerse y se vio obligado a finalizarla el 25 de julio cuando las fuerzas republicanas de Modesto cruzaron el Ebro.

Paralelamente, y para frenar el envío de tropas republicanas al Levante, Franco y su Estado Mayor pusieron en marcha una operación de diversión, que sería realizada por los Ejércitos de Queipo de Llano y Saliquet, con el objetivo de reducir la llamada bolsa de La Serena: una pronunciada cuña con sus extremos en Córdoba y Talavera de la Reina, originada durante el avance de las columnas de Yagüe en agosto de 1936. Esta operación se realizó entre el 14 de junio y el 24 de julio y supuso una victoria de los rebeldes que conquistaron Don Benito y Villanueva de la Serena (Badajoz) y coparon a 6.000 soldados republicanos. Este éxito llevó a Franco a ordenar a sus generales que avanzaran hasta Almadén (Ciudad Real) para hacerse con el control de sus célebres minas.

Esta operación fue bien planteada, pero su impacto estaba limitado por el error cometido en Levante que hizo perder a los rebeldes la iniciativa estratégica como se demostraría poco después.

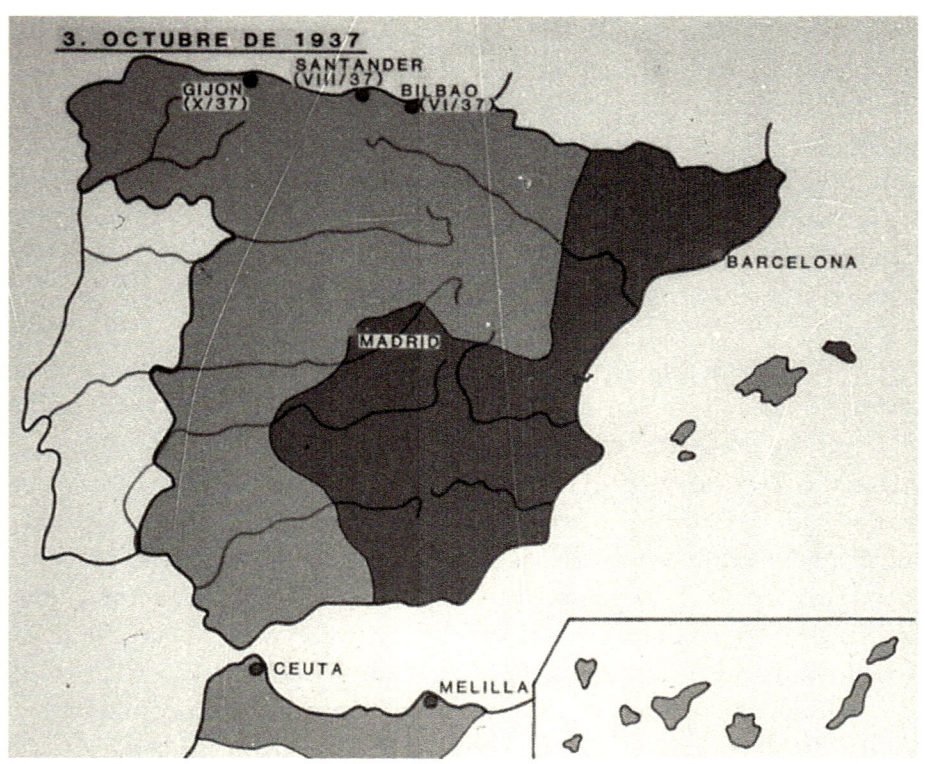

3. OCTUBRE DE 1937

GIJON
(X/37)
SANTANDER
(VIII/37)
BILBAO
(VI/37)

BARCELONA

MADRID

CEUTA

MELILLA

Ubieto, 1984

La batalla del Ebro y la ofensiva de Cataluña

A las 00:15 horas del 25 de julio de 1938 las tropas republicanas del Ejército del Ebro, a las órdenes de Modesto, e integrado en el Grupo de Ejércitos de la Región Oriental (GERO), mandado por el general Juan Hernández Saravia, se dispusieron a cruzar el río más caudaloso de España. Las divisiones del XV Cuerpo de Ejército lo hicieron entre las poblaciones de Mequinenza y Ascó (Zaragoza), mientras que las del V Cuerpo de Ejército por dieciséis puntos distintos comprendidos entre Benisanet y Amposta (Tarragona). La operación sorprendió a Franco, a pesar de que Rojo había realizado una acción de tanteo en Lérida entre los días 22 y 26 de mayo y de las advertencias del Servicio de Información y policía Militar (SIPM), a las órdenes del coronel José Ungría Jiménez. Inmediatamente el Generalísimo acusó a Yagüe de lo ocurrido, por no tener en cuenta la información del servicio de inteligencia y por no haber frenado el asalto, ya que la orilla derecha del Ebro estaba bajo su responsabilidad. Sin embargo, no se limitó a repartir culpas, sino que detuvo la Ofensiva del Levante y se dispuso a frenar la acometida republicana, librando así la batalla más larga de la Guerra Civil, la del Ebro, que se prolongó entre el 25 de julio y el 16 de noviembre de 1938.

Durante estos cuatro meses dos ejércitos de más de 100.000 hombres se enfrentaron en la ribera del río. Este combate demostró dos hechos. Por un lado, que los rebeldes habían culminado el proceso de construcción de un ejército de masas y que gozaban de una logística eficaz. Por otro, que esta fuerza actuaba de acuerdo a los criterios propios de la doctrina militar europea de colaboración interarmas del periodo de entreguerras, particularmente francesa. Así, durante la fase de la ofensiva republicana, que se desarrolló entre el 25 de julio y el 6 de agosto, la artillería y la aviación franquista atacaron las posiciones republicanas que no estaban guarnecidas, causándoles numerosas bajas. Esta idea la había desarrollado en sus adiciones al *Reglamento*, donde asignaba a la aviación "la cooperación a la acción por bombarderos y ametrallamientos". Además, las tropas republicanas se vieron perjudicadas por las limitaciones logísticas del Ejército Popular. Igualmente, cuando Franco decidió iniciar la contraofensiva, utilizó la artillería y la aviación –bombardeo en cadena– para crear una barrera de fuego que facilitase el avance de la masa de infantería protegida por los carros, combinando ataques frontales con operaciones de flanco. En 1944 en su obra el *ABC de la batalla defensiva* escribirá sobre estas tácticas: "este sistema de coordinación de fuegos y de flanqueos mutuos, que es la base de la táctica moderna de la Infantería, suele ejecutarse en el combate de mala gana. Se tiende a enfrentarse con lo que se tiene delante y a confiar poco en la acción de los vecinos, perdiéndose una gran parte de nuestra eficacia. Por ello hay que reaccionar enérgicamente contra estos errores".

El resultado final fue una victoria rebelde con la que Franco neutralizó el error que había supuesto la prolongación excesiva de la Ofensiva del Levante y donde demostró su capacidad logística y táctica para desplazar grandes masas de hombres y moverlos en el campo de batalla, así como para coordinar el empleo de diferentes armas. No obstante, la verdadera trascendencia de esta batalla radica en la pregunta que testigos contemporáneos como el teniente coronel Henry Barlow Cheadle –sustituto de Fuqua al frente de la agregaduría militar de la Embajada de los Estados Unidos en Madrid– e historiadores como Cazorla y Corum se han hecho: ¿por qué la libro el Generalísimo? Para Cheadle, el terreno en el que se combatió carecía de valor estratégico, mientras que para Cazorla y Corum constituyó una nueva manifestación de la incapacidad militar de Franco: "por segunda vez en pocos meses, el poco imaginativo y mal formado general fracasó en la sencilla maniobra de manual de fijar al enemigo con un mínimo de tropas, rodearlo y avanzar con el grueso de sus fuerzas hacia el objetivo estratégico: Barcelona".

Estas tesis, sin embargo, no recogen el verdadero sentido de esta batalla para el general ferrolano que, al aceptarla y prolongarla, demostró capacidad estratégica y visión política. a diferencia de Negrín y Rojo. ¿Por qué? Porque el líder rebelde comprendió inmediatamente que el Ebro podía y debía ser la batalla definitiva de la Guerra Civil, aquella que acabase con la resistencia republicana y pusiera *de facto* fin al conflicto. Era un planteamiento absolutamente lógico porque a lo largo de la contienda el Ejército Popular había demostrado una increíble capacidad para recuperarse tras sus sucesivos fracasos. Tras la batalla del Ebro ya no lo haría. Además, la situación internacional, a pesar de la firma de los Pactos de Munich (30 de septiembre de 1938) que supusieron una pequeña tregua entre la Entente franco-británica y el Eje Berlín-Roma, se estaba complicando inexorablemente lo que terminaría ocasionando una guerra europea menos de un año después en la que podía incardinarse la Guerra Civil. Precisamente, ese era el objetivo de Negrín, la Unión Soviética, el PCE y, probablemente, de Rojo, aunque luego cambiase de opinión. Por el contrario, Franco trataba de evitar por todos los medios que esta situación pudiera producirse. Por tanto, el Generalísimo libró esta batalla de desgaste por motivos militares, pero también políticos, ya que buscaba un final rápido del conflicto.

Mientras se combatía en el Ebro, Queipo de Llano y Saliquet se dispusieron a desencadenar la ofensiva contra Almadén, que se desarrolló entre el 9 y el 31 de agosto. Esta operación carecía de sentido, ya que el grueso del Ejército rebelde estaba luchando en noreste de España. El resultado, evidente, fue el fracaso. Las tropas franquistas no pudieron ocupar la localidad minera. No obstante, resulta significativo que Miaja, al frente del Grupo de Ejércitos de la Región Central (GERC), integrado por más de 300.000 hombres, no empeñó sus fuerzas en esta ofensiva para infligir una derrota a los rebeldes, que tampoco hubiera tenido particular importancia. El defensor de Madrid estaba convencido que necesitaba a sus fuerzas intactas si se quería prolongar el conflicto.

Este fracaso no empeño el éxito del Ebro. Tras destrozar las fuerzas de Modesto, las tropas rebeldes se dispusieron a ocupar el resto de Cataluña. Franco sabía que esta vez su retaguardia no corría ningún peligro y que tampoco iba a encontrar una considerable resistencia, pero sobre todo que "no había victoria completa sin persecución". En esta operación se iban a emplear los 300.000 hombres del Ejército del Norte de Dávila, estructurado en seis cuerpo de ejército −Aragón (Moscardó), CTV (general de división Gastone Gambara), Maestrazgo (García Valiño), Marroquí (Yagüe), Navarra (Solchaga) y Urgel (Muñoz Grandes)−, apoyados con 300 carros de combate, mil piezas de artillería y 500 aviones. Enfrente se situaban 230.000 soldados encuadrados en el GERO. Pero la situación de ambas fuerzas no podía ser más diferente. Los soldados franquistas tenían una elevada moral, convencidos de que la guerra estaba ganada. Por el contrario, los republicanos, muchos de ellos jóvenes e inexperto, ni siquiera estaban armados en su totalidad. El resultado de la campaña no admitía ninguna duda.

Las tropas rebeldes se pusieron en marcha el 23 de diciembre de 1938, tras un mes de descanso. No era la mejor fecha, ya que la campaña se iba a desarrollar en invierno, pero Franco tenía prisa por acabar cuanto antes la guerra para evitar cualquier complicación internacional que pudiera afectar a España. Los factores climáticos se iban a manifestar desde el comienzo de las operaciones porque la crecida del Ebro impidió avanzar al Cuerpo de Ejército Marroquí situado al sur de este río. Por el contrario, las tropas situadas en Lérida lo hicieron sin dificultades.

El Gobierno republicano se dispuso a resistir con la esperanza de que un conflicto europeo salvase a la República, tomando dos medidas. La primera fue lanzar el famoso Plan B de Rojo con el objetivo de frenar las operaciones en Cataluña e intentar dividir la Zona Rebelde. Este ataque, que dio lugar a la batalla de Valsequillo, protagonizada por el Ejército de Extremadura a las órdenes del general Antonio Escobar Huerta –vencedor de Goded en Barcelona en julio de 1936–, se desarrolló entre el cinco de enero y el cuatro de febrero de 1939. Sin embargo, no supuso ningún contratiempo para Franco, que se limitó a ordenar a las unidades acuarteladas en la zona que resistiesen. Si bien inicialmente los republicanos lograron el mayor avance de la contienda, la ofensiva fue frenada por el Ejército de Sur de Queipo de Llano, que obligó a Escobar a volver a sus bases de partida, tras perder 6.000 hombre.

La segunda, movilizar nuevas quintas y adquirir en Francia 2.000 ametralladoras y 100.000 fusiles. Sin embargo, Paris no estaba dispuesto a aumentar su enemistad con Franco, máxime cuando los republicanos habían perdido la guerra y podía desencadenarse una nueva contienda en Europa entre las democracias y las potencias fascistas. Por esa razón el presidente del Consejo de Ministros francés Edouard Daladier no solo se negó a vender armas a Negrín, que viajó personalmente a la capital de Francia para conseguirlas, sino que también bloqueó en Burdeos el material soviético adquirido en noviembre de 1938: 650 cañones, 250 carros de combate, 4000 ametralladoras y 250 aviones.

Las medidas tomadas por el ejecutivo republicano no pudieron impedir que Barcelona cayese el 26 de enero y que el 4 de febrero fuera ocupada Gerona. Seis días después las tropas rebeldes alcanzaban los pasos de los Pirineos, tras permitir la huida de más de 200.000 soldados republicanos a Francia. La campaña había terminado.

El papel jugado por Franco en esta etapa del conflicto "limpió" de alguna manera sus errores en la anterior y le permitió derrotar definitivamente a la República, ya que el Ejército Popular perdió toda capacidad de recuperación. La clave de este éxito estuvo en la batalla del Ebro porque al aceptar el envite de Rojo, libró un combate de desgaste que agotó a sus enemigos y le abrió las puertas de Cataluña. La conquista de esta región fue una mera operación de explotación del éxito anterior que no conllevó ninguna dificultad para los rebeldes. Es más, su decisión de permitir la huida de la mayor parte de las tropas republicanas resultó especialmente lúcida, pues le evitó el problema logístico de organizar y vigilar un número importante de campos de prisioneros y sobre todo de alimentar a los retenidos.

Entrada de los nacionales en Barcelona.

4. FEBRERO DE 1939

BARCELONA
(I/39)

(I/39)

TERUEL
(XII/37)

VINAROZ
(IV/38)

MADRID

VALENCIA

Ubieto, 1984.

El final de la guerra

Tras la ocupación de Cataluña, el Estado republicano se había desmoronado, como reconoció el principal agente de la *Komintern* (Internacional Comunista) en España, el italiano Palmiro Togliatti, en un informe fechado el 21 de mayo de 1939. Sin embargo, Negrín, con el apoyo del PCE, que a su vez obedecía las órdenes del líder soviético Stalin, se dispuso a resistir. El político socialista todavía pensaba que podía cumplir alguno de los tres objetivos que perseguía. El primero, que estallase un conflicto en Europa al que pudiera vincularse la Guerra Civil. El segúndo, que Franco aceptase una rendición sin represalias. El tercero, que una retirada organizada del Ejército Popular permitiese a los elementos republicanos más comprometidos, entre los que destacaban los comunistas, salir de España. Sin embargo, se equivocaba completamente.

El 27 de febrero Francia y Reino Unido reconocieron a Franco. Es más, el primero de esos países, temiendo una posible beligerancia de España en favor del Eje si estallaba una guerra en Europa, otorgó al Generalísimo rebelde la propiedad de todos los bienes de la República en su territorio . Esta decisión de Londres y Paris provocó la dimisión de Azaña como presidente de la República y acabó con las esperanzas de Negrín de incardinar el conflicto español en una guerra europea. Paralelamente, el presidente del Consejo de Ministros recibió la confirmación de los intermediarios franceses y británicos de que Franco solo aceptaba una rendición incondicional. Finalmente, la posibilidad de que las tropas republicanas siguieran luchando para permitir así la salida de los dirigentes republicanos y de los partidos del Frente Popular se vino definitivamente abajo por la oposición de los principales mandos del Ejército Popular que, encabezados por el coronel Segismundo Casado, jefe del Ejército del Centro, se sublevaron contra Negrín y los comunistas el cinco de marzo de 1939. Cinco días después, y tras cruentos combates en los que murieron 2.000 soldados republicanos, los "casadistas" habían triunfado, provocando la salida del jefe del ejecutivo republicano de España. Le sustituyó el Consejo Nacional de Defensa, presidido por Miaja, y con los dirigentes socialistas Julián Besteiro y Wenceslao Carrillo como consejero de Estado y de Gobernación respectivamente.

Franco observo desde la distancia y con tranquilidad estos hechos. No obstante, cuando los agentes "casadistas" se pusieron en contacto con él para negociar las condiciones para el cese del conflicto, les exigió la rendición incondicional. Podía hacerlo porque ya tenía cerrado completamente el flanco exterior, tras el reconocimiento de Francia y Reino Unido, y por tanto podía esperar a que la guerra finalizara de acuerdo a sus demandas. Ante esta tesitura, el Consejo Nacional de Defensa decidió abandonar la lucha.

El uno de abril de 1939 se publicó en Burgos el último parte de guerra: "en el día de hoy, cautivo y desarmado el Ejército Rojo, han alcanza-do las tropas nacionales sus últimos objetivos militares. La guerra ha terminado". Como años después escribió el sobrino y ayudante de Miaja, Fernando Rodríguez Miaja: "Casado, sin proponérselo, vino a descargar al gobierno del doctor Negrín de la responsabilidad de resolver este problema: encontrar un final digno a la guerra. Quien pensó ser héroe y salvador de España se convirtió de ese modo en chivo expiatorio"

Celebración en Salamanca.

Desfile de la victoria, 19 de mayo de 1939.

Refugiados republicanos en Francia en marzo de 1939. Robert Capa.

VI. UN GENERAL EN LA ATALAYA
(1939-1975)

1940, 23 de octubre. Franco y Hitler en Hendaya.

Tras su victoria en la Guerra Civil, Franco se convirtió en dictador de España hasta su muerte el veinte de diciembre de 1975, si bien nunca dejó de ser capitán general de los Ejércitos de Tierra, Mar y Aire, con mando supremo efectivo sobre las Fuerzas Armadas. En todo caso, su condición de jefe del Estado y del Gobierno hicieron que en su vida pública primara la faceta política sobre la militar. Sin embargo, estas responsabilidades no le hicieron olvidar su formación primaria y que obviara los conflictos bélicos que tuvieron lugar en este periodo. Por el contrario, fue un agudo observador de estas contiendas, que siempre interpretó en función de su experiencia bélica y con cierta posición de superioridad tras haber salido victorioso de dos guerras. Además, también aprovechó su tiempo libre para elaborar algunas obras de doctrina militar donde volcó esas vivencias. Por último, tuvo un papel activo en los dos choques armados en los que participó España en estos años: la invasión de los *maquis* y la guerra de Ifni.

Este periodo se divide en dos etapas. La primera corresponde a la Segunda Guerra Mundial y sus consecuencias (1939-1945) y la segunda al periodo de la Guerra Fría y la Descolonización (1950-1975).

La Segunda Guerra Mundial y sus consecuencias

El ABC de la batalla defensiva

Esta obra, escrita en 1944, puede considerarse como una síntesis del pensamiento táctico de Franco. Su objetivo era analizar la Segunda Guerra Mundial, y más concretamente los aspectos defensivos de la batalla terrestre. La elección de este tema estaba motivada porque "la defensiva tiene una importancia capital, pues, aunque la ofensiva es la que decide y otorga la victoria, y en los Ejércitos debe reinar este espíritu ofensivo, la defensiva constituye el medio eficaz de hacer posible la ofensiva en el lugar elegido". Este planteamiento enlazaba directamente con su experiencia bélica y era similar al que defendió el mariscal Pétain –un militar por el que Franco siempre sintió un gran respeto– durante la Primera Guerra Mundial, cuya influencia quedaba patente a lo largo de sus páginas.

El dictador dividió su análisis en dos partes. En la primera estudiaba la defensiva en tierra, partiendo de sus vivencias en las campañas marroquíes y sobre todo en la Guerra Civil, ya que se trataba de un conflicto europeo. Su conclusión era que ni los generales aliados ni los del Eje habían sabido manejar este tipo de combate a lo largo del conflicto, obviando con esta afirmación los importantes éxitos defensivos soviéticos frente a las tropas alemanas. Esta crítica se centraba en los siguientes aspectos:

1) El empleo de defensas pasivas como los fuertes o las líneas de defensa como la *Maginot*, cuya inutilidad se demostró desde los primeros momentos de la contienda.

2) La inexistencia de defensas en profundidad para frenar la acometida de los carros de combate, cuando era una opción extremadamente sencilla: "la Infantería moderna dispone hoy de medios eficaces para su destrucción: el mortero antitanque de granadas huecas e impulsión por cohete, la bomba magnética, los lanzalíquidos inflamables y los proyectiles de mortero y granadas de mano de humos bien conjugados permiten a los grupos de asalto de Infantería su victoria segura sobre los tanques. Armas todas fáciles de fabricar en elevado número". Este planteamiento, pero a enorme escala, lo aplicaron los soviéticos en Kursk en 1943, logrando una extraordinaria victoria que Franco no mencionó en su obra.

3) El uso inadecuado del terreno y el empleo incorrecto de las reservas que "constituyen en la batalla defensiva la base de la maniobra. Ante un sistema defensivo profundo, a caballo de las líneas de penetración, el enemigo tratará de desbordarlo y de envolverlo. Éstos son los momentos propicios para la maniobra de las reservas y para el aniquilamiento por el contraataque, lo que es posible si se dispone de reservas y el jefe mantiene en su mano los fuegos de artillería". Precisamente, los

soviéticos utilizaron de forma muy eficaz sus reservas en Kursk para arrebatar a los alemanes definitivamente la iniciativa estratégica.

4) El empleo de las `pequeñas localidades como campos de batalla defensivos, "un error gravísimo en que se incurría en nuestra Cruzada, y que hoy cometen con frecuencia los beligerantes", porque "ante elementos normales de artillería y aviación, un pueblo es de los peores lugares para la defensa. Los defensores quedan sentenciados a sucumbir bajo sus escombros", como había ocurrido en Brunete. Una excepción eran las ciudades, donde una batalla defensiva podía ser eficaz siempre que se aceptara su destrucción material. El ejemplo era Stalingrado donde "el Ejército ruso encontró un medio de detener a los alemanes, de ganar el tiempo necesario a la concentración de tropas, de obligarles a montar un serio ataque. El afán alemán de ocupar Stalingrado y asegurarse en el Volga le llevó a la loca empresa de ocupar Stalingrado, y el Ejército de Paulus sucumbió en el laberinto de la ciudad ante la defensa encarnizada de los bolcheviques. Nuevas unidades de éstos, desde fuera, pudieron cercarles y sepultarles entre los escombros". Fue el único éxito militar soviético que recogió en su obra

Además, en el desarrollo de este tipo de combate daba especial importancia al papel de la aviación, un arma decisiva en la Guerra Civil y que demostró su trascendencia en el segundo conflicto mundial. El dictador apostaba por las vastas concentraciones de aviones, cuyo empleo había recogido en el *Reglamento* de 1938 y desarrollado en la batalla del Ebro. Así escribía: "la potencia destructora de la aviación ha introducido en el campo de batalla un nuevo factor importantísimo, tanto más eficaz cuanto más concentradas se presenten las organizaciones o se hallen las tropas más al descubierto. Ante su enorme potencia, sólo puede oponerse con eficacia la diseminación de los elementos y la cobertura por los grandes espesores del terreno". Para, Franco, por tanto, a diferencia de lo que ocurría con los carros de combate, si un ejército conseguía la supremacía aérea no existía defensa activa posible para arrebatársela. Este planteamiento era similar al de los teóricos del Poder Aéreo del periodo de entreguerras.

La segunda parte de la obra se centraba en un tema que siempre le había obsesionado desde sus días como comandante militar de Baleares: la defensa de las costas. El dictador recogía todas las ideas que anteriormente había plasmado en sus informes para la protección de este archipiélago, pero dando especial importancia a la aviación, tanto para el defensor como para el atacante: " la aviación constituye hoy un elemento perfecto de destrucción, que prolonga la acción de la artillería. Su dominio sobre los campos de batalla imprime la superioridad al que logra la victoria aérea. Por ello, en una acción de desembarco, las posibilidades de la aviación enemiga son las que más deben preocuparnos", añadiendo: " el único auxilio eficaz que en este orden la aviación propia puede prestarnos es la vigilancia y la observación, que nos permitan vigilar el mar y enterarnos con tiempo suficiente de la presencia de los convoyes enemigos. Cumplidos estos servicios de observación, el resto de los elementos aéreos y navales con que pudiera contarse deberán conservarse perfectamente ocultos para obrar por sorpresa en los momentos críticos del desembarco, o sea, cuando las fuerzas embarcadas

se dirigen sobre las playas y se acumulan las tropas y el material en ellas".
La veracidad de este planteamiento lo comprobaron los alemanes en el
desembarco de Normandía donde los más de 12.500 aviones aliados les
impidieron movilizar sus reservas con la celeridad necesaria para abortar
la operación.

En conjunto, y más allá de la intención de Franco de no reco-
nocer los éxitos soviéticos, esta obra demostraba que la experiencia
adquirida en la Guerra Civil permitió a Franco comprender y analizar
con solvencia las batallas defensivas de la Segunda Guerra Mundial y
sobre todo afirmar su fe en la aviación como arma clave para ganar
batallas. No obstante, en la misma había una omisión que resultaba muy
llamativa. El dictador desconocía la existencia de un aparato que resultó
decisivo, tal vez el más decisivo, en este conflicto: el radar.

La invasión del "maquis"

Mientras Franco plasmaba sus ideas y experiencia sobre la batalla
defensiva, en la Francia liberada la dirección del PCE preparaba la invasión de España con el objetivo de derribar su dictadura. Su nombre en
clave era *Operación Reconquista*. A partir del tres de octubre de 1944
guerri-lleros comunistas con experiencia militar comenzaron a penetrar
en España por los valles de Roncesvalles y Roncal (Navarra), pero fue
a partir del 19 cuando se produjo la gran invasión por el de Arán
(Lérida). Estas fuerzas sumaban en conjunto unos 6.000 hombres.

Tenían dos objetivos fundamentales. Por un lado, conquistar Viella (Lérida) para convertirla en sede de un gobierno provisional antifranquista. Por otro, provocar una insurrección general en toda España.

La invasión sorprendió a los tenientes generales Moscardó y, de nuevo, a Yagüe, capitanes generales de la 4ª (Cataluña) y 6ª (que incluía Navarra) regiones militares respectivamente, que demostraron poca previsión. Sin embargo, tanto Franco como el general de división García Valiño, jefe del EMC, reaccionaron inmediatamente, especialmente el segundo que demostró, de nuevo, su notable capacidad militar. Al día siguiente movilizó las fuerzas de ambas demarcaciones territoriales, cuya rápida actuación amenazó con cercar a los invasores. Ante esa temida posibilidad, y sin haber conseguido el apoyo de la población local, los guerrilleros comenzaron a retirarse el día 22, culminando su salida de España dos días después.

La invasión fue un desastre para la Agrupación de Guerrilleros Españoles, la organización militar comunista, que tuvo 128 muertos. Franco les consideró simplemente "bandoleros", no concediéndoles la condición de combatientes, por lo que algunos prisioneros fueron posteriormente fusilados.

Guerra Fría y Descolonización

Guerra de Ifni (1957-1958)

Este choque armado fue la última acción bélica en la que participó el Ejército español, más allá de las acciones puntuales que tuvieron lugar en el Sahara Occidental contra el Frente Polisario de Liberación Nacional hasta 1975. Se enmarcó dentro del proceso de descolonización de Marruecos y afectó a las colonias que España seguía poseyendo en el sur de este país tras su independencia en 1956: Ifni y Cabo Juby, prolongándose al Sahara Occidental. Los contendientes fueron las fuerzas españolas y francesas por una parte y el llamado Ejército de Liberación, apoyado por Marruecos, por otra. Si bien el conflicto terminó con una victoria militar de los países europeos; políticamente fue un triunfo marroquí, pues por el acuerdo de Cintra, firmado el uno de abril de 1958, Madrid entregó Cabo Juby al reino alauita.

La posición de Franco ante esta contienda fue ambivalente. El militar, como reflejó en las conversaciones con su primo Francisco Franco Salgado-Araujo, no estaba dispuesto a permitir que le arrebatasen esos territorios por la fuerza. Por eso, buscó y finalmente obtuvo la victoria, utilizando las viejas tácticas *africanistas*: "nuestra actuación será el mantenernos en la población y garantizar la defensa de la misma, operando luego con fuertes columnas que recorran el territorio. […] Por la fuerza y la amenaza no se retrocederá ni un paso, y desde luego Ifni y los demás territorios de soberanía serán mantenidos cueste lo que cueste". Esta posición estaba justificada porque consideraba que las apetencias territoriales del Marruecos eran insaciables: "el Sultán y su gobierno jamás piensan conceder nada a España y sólo desean ocupar todos nuestros territorios de soberanía en el norte de África y los de Ifni y Sahara, sin dar compensación de ninguna clase a España. Tal vez nos pedirán luego Granada y los territorios que dominaron en la Península".

Sin embargo, como político sabía que la posición española en Ifni era insostenible como consecuencia del proceso de descolonización y del coste económico que suponía: "nos entretiene una guarnición muy grande sin la menor ventaja". Por tanto, estaba dispuesto a ceder este territorio a cambio de ampliar el perímetro defensivo de las ciudades españolas en el norte de África: "creo que Ifni es una zona factible para negociar la ampliación de la zona de seguridad de nuestras dos plazas, Ceuta y Melilla; que tampoco se precisa sea muy extensa, pues a España no le conviene tener en esta ampliación a muchos marroquíes, por si hubiera necesidad de realizar algún plebiscito o referéndum. Hoy se puede calcular que en Ceuta y Melilla hay un 80% de población española y sólo un 20% africana". Este planteamiento reflejaba el temor a que un día la Organización de las Naciones Unidas (ONU) pudiera forzar a España a realizar una consulta en estas ciudades. Los condicionamientos estratégicos y económicos también eran patentes en su protección de la españolidad del Sáhara Occidental "porque constituye una base de defensa de nuestro archipiélago canario y además puede proporcionarnos petróleo; por otra parte, ya tenemos allí fosfatos de buenísima calidad que nos serán muy útiles".

Por tanto, para el Generalísimo, la integridad territorial de España era innegociable, aunque considerase el proceso de descolonización irreversible. Era una visión política correcta, aunque no consiguiese ampliar el perímetro defensivo de Ceuta y Melilla tras la cesión de Ifni a Marruecos el treinta de junio de 1969.

Guerra de Argelia (1954-1962)

Este largo y cruel conflicto bélico fue analizado por Franco detalladamente, ya que consideraba Argelia como una parte de Francia, conformada por tres departamentos. En consecuencia, sobre la base de su formación *africanista* y a semejanza de lo que había hecho España con Marruecos durante los años veinte y de lo que haría si Marruecos atacaba Ceuta y Melilla, este territorio debería haber sido defendido con las armas por el Ejército galo a cualquier precio. Por eso se manifestó muy crítico con la posición adoptada por el general Charles de Gaulle cuando se convirtió en presidente de la V República en 1959. Así lo reflejó en sus conversaciones con su primo: "no soy optimista, pues De Gaulle lleva mal este asunto; quiere resolverlo en las urnas cuando se trata de una operación militar. En otra escala se parece el caso al de

Marruecos, cuando el general Primo de Rivera quería retirarse a la costa y no ocupar todo el territorio en plan militar. Primo de Rivera no comprendió el problema que entonces solamente tenía la solución del completo dominio militar", añadiendo: "vencimos militarmente y desde entonces reinó la paz en Marruecos sin sonar un tiro hasta que España concedió la completa independencia del territorio ocupado". Por eso consideraba un error la vía negociadora: "con debilidades, con plebiscitos que son difíciles de hacer con las debidas garantías en un país tan extenso, y con poca preparación del espíritu ciudadano, sólo se conseguirá que muchos argelinos con negocios en el país teman que no se gane el plebiscito y que se tomen más tarde con ellos todo género de represalias. Hay el peligro de que si se ganara el plebiscito no fuese acatado por los rebeldes bajo mil pretextos; en esto los comunistas son maestros".

Franco ignoraba las consecuencias que para Francia había tenido otro conflicto colonial, el de Vietnam, que había finalizado con la humillante derrota en Dien Bien Phu (13 de marzo/7 de mayo de 1954) y la Conferencia de Ginebra (26 de abril/20 de julio de 1954), que supuso la independencia de los territorios galos en Indochina. Tras este fracaso, y a pesar de que había llegado al poder con el lema *l'Algérie française*, De Gaulle no estaba dispuesto a librar otra guerra. El referéndum de 1961, donde mayoritariamente se aprobó la autodeterminación de Argelia, dio la razón al general francés. Franco consideró entonces que la independencia era irreversible, calificando de inútil y cruel la campaña de atentados que desencadenó la *Organisation armée secrète* (Organización Armada Secreta, OAS), aunque este grupo terrorista se crease en España, como ha estudiado Rodríguez Jiménez. No obstante, aunque el dictador culpase a De Gaulle de la independencia de Argelia, también fue muy crítico con Estados Unidos, defensor a ultranza del proceso de descolonización, por no haber tenido en cuenta que, para Occidente, era preferible que Francia siguiera controlando Argelia "y no un pueblo entregado al comunismo sin la menor responsabilidad".

Guerra de Corea (1950-1953)

El primer gran conflicto de la Guerra Fría comenzó cuando España todavía estaba aislada internacionalmente y supuso precisamente el fin de esta situación, pues, como consecuencia de esta contienda, los Estados Unidos consideraron necesaria una alianza con nuestro país para frenar al comunismo.

Franco, aunque no con la misma profundidad que en el caso argelino, analizó esta guerra dentro de la coyuntura internacional en la que tuvo lugar, pero sobre todo desde su óptica *africanista*, ya que también la consideraba un conflicto colonial. Así, en una reunión del Consejo de Ministros que tuvo lugar el 13 de diciembre, defendió que los Estados Unidos debían combatir a las fuerzas de la comunista Corea del Norte que habían invadido Corea del Sur, ya que si no lo hacían el siguiente territorio en caer bajo la esfera de la Unión Soviética sería Japón. Sin embargo, pensaba que era un error enviar tropas terrestres, tal vez recordando que las bajas de soldados españoles en las campañas de Marruecos habían provocado la indignación de la opinión pública. También porque consideraba que los soldados norteamericanos debían centrarse en defender Europa. Por estas razones, como había ocurrido en el Protectorado, apostaba por el empleo de soldados locales con la frase "mejor con sangre asiática", apoyados por mar y aire por la potencia norteamericanas. Precisamente, como ha demostrado Álvaro Jimena, esta posición del dictador pone fin al mito de que el dictador propuso el envío de tropas españolas para combatir a los comunistas norcoreanos, aunque llegara a insinuarse para estrechar los lazos con Washington. Por último, Franco también insistió en la necesidad de utilizar ese conflicto para romper la alianza entre la Unión Soviética y China, ya que si no "vendrá el caos". La ruptura de la alianza sino-soviética se convertirá en un objetivo de la administración republicana de Richard Nixon y su secretario de Estado Henry Kissinger, alcanzado en 1972.

La defensa del empleo de tropas indígenas en los conflictos que tuvieron lugar en excolonias sería una constante en el pensamiento de Franco en este periodo y quedaría explícitamente reflejada en la Guerra de Vietnam.

Guerra de Vietnam

El notable conflicto que tuvo lugar en el sudeste asiático tras la salida de Francia, que se desarrolló entre 1954 y 1975, despertó el interés de Franco cuando el presidente de los Estados Unidos Lyndon B. Johnson le pidió por carta que contribuyese militarmente a la lucha contra el comunismo en este territorio. Franco le contestó con otra misiva fechada el 18 de agosto de 1965 donde implícitamente negaba esa ayuda, aunque España mandaría un equipo de Sanidad Militar.

El dictador español, sin embargo, no solo respondió negativamente a la petición de Washington, sino que también aconsejó a Johnson que abandonase Vietnam. Las razones que adujo fueron las siguientes:

— El Ejército de los Estados Unidos no podían ganar ese conflicto: "mi experiencia militar y política me permite apreciar las grandes dificultades de la empresa en que os veis empeñados: la guerra de guerrillas en la selva ofrece ventajas a los elementos indígenas subversivos que con muy pocos efectivos pueden mantener en jaque a contingentes de tropas muy superiores; las más potentes armas pierden su eficacia ante la atomización de los objetivos; no existen puntos vitales que destruir para que la guerra termine; las comunicaciones se poseen en precario y su custodia exige cuantiosas fuerzas. Con las armas convencionales se hace muy difícil acabar con la subversión", añadiendo: "aun suponiendo que pueda llegar a quebrantarse la fortaleza del Vietcong, subsistirá por mucho tiempo la acción larvada de las guerrillas, que impondrá la ocupación prolongada del país en que siempre seréis extranjeros". Los hechos posteriores le darían la razón.

- Al combatir en Vietnam, los norteamericanos estaban debilitando el bloque Occidental: "aun reconociendo la insoslayable cuestión de prestigio que el empeño pueda presentar para vuestro país, no se puede prescindir de pesar las consecuencias inmediatas al conflicto. Cuanto más se prolongue la guerra, más empuja al Vietnam a ser fácil presa del imperialismo chino".

- El conflicto tenía carácter neocolonial, ya que los vietnamitas luchaban por su independencia y por una ideología que les resultaba muy atractiva, ante la negativa de los países capitalistas a favorecer su desarrollo: "su lucha por la independencia ha estimulado sus sentimientos nacionalistas; la falta de intereses que conservar y su estado de pobreza les empuja hacia el social-comunismo, que les ofrece mayores posibilidades y esperanzas que el sistema liberal patrocinado por el Occidente, que les recuerda la gran humillación del colonialismo. Los países se inclinan en general al comunismo, porque, aparte de su poder de captación, es el único camino eficaz que se les deja. El juego de las ayudas comunistas rusa y china viene siendo para ellos una cuestión de oportunidad y de provecho. Es preciso no perder de vista estos hechos. Las cosas son como son y no como nosotros quisiéramos que fueran".

- El liderazgo comunista norvietnamita era muy solido y podía ser la solución a los problemas que aquejaban a su país: "no conozco a Ho Chi Minh, pero por su historia y sus empeños en expulsar a los japoneses, primero, a los chinos después y a los franceses más tarde, hemos de conferirle un crédito de patriota, al que no puede dejar indiferente el aniquilamiento de su país. Y dejando a un lado su reconocido carácter de duro adversario, podría sin duda ser el hombre de esta hora, el que el Vietnam necesita".

Por tanto, la conclusión que extraía Franco sobre como debía finalizar este conflicto era muy clara: los norteamericanos debían retirarse de Vietnam y, a la vez, apoyar al líder comunista para atraerse a este país: "en este interés superior de salvar al pueblo vietnamita y a los pueblos del sudeste asiático, creo que vale la pena de que todos sacrifiquen algo".

1957. Soldados españoles en Ifni con Carmen Sevilla.

Conflicto árabe-israelí

Franco nunca fue enemigo de los judíos ni sacrificó su nexo con Israel en favor de "la tradicional amistad con los países árabes". Por el contrario, la inexistencia de relaciones diplomáticas con este Estado tuvo su origen el 16 de mayo de 1949 durante la votación de una resolución para levantar el boicot diplomático al que estaba sometida España. El representante israelí ante la Asamblea General de la ONU, Abba Eban, votó en contra, alegando la alianza de España con el Eje durante la Segunda Guerra Mundial. Esta decisión provocó la ruptura definitiva entre los dos Estados y el alineamiento definitivo del dictador con los árabes, situación que se mantuvo hasta 1986.

A pesar de esta distancia, Franco juzgó el conflicto árabe-israelí con gran objetividad. Así, tras la guerra de los Seis Días (5-10 de julio de 1967), comentaba a su primo: " las naciones árabes deseaban la guerra y pretendían expulsar a Israel del Oriente Medio; lo cual está en desacuerdo con la decisión tomada por las potencias vencedoras al terminar la segunda guerra mundial. Hoy nadie duda de que Israel necesita su territorio para poder seguir existiendo como nación soberana, y con esto tiene que estar de acuerdo el próximo tratado de paz que ponga fin al problema existente. Todo lo anterior no borra nuestra antigua amistad con los países árabes".

No obstante, el aspecto más interesante de sus comentarios se refería a la negativa de Israel a ceder los territorios conquistados en esta contienda, especialmente Gaza y Cisjordania: "estoy convencido de que costará trabajo arrancar a Israel la victoria rápida que tan fácilmente ha conseguido empleando con acierto y con la mayor rapidez y energía los medios que tenía acumulados. […] Yo estoy convencido de que se ha de llegar a un acuerdo, sin tener que expulsar ni mucho menos a Israel del lugar que ocupaba antes del conflicto, además de conservar también muchos puntos claves que con tanta rapidez ha ocupado en esta guerra demostrando así su buena preparación". El problema de estos territorios se prolonga hasta nuestros días.

La guerra de los seis días, saldada con victoria de Israel.

CONCLUSIÓN

En las páginas precedentes hemos demostrado las trece tesis sobre las que se articulaba esta obra:

1.- Franco formó parte de una institución, la militar, que en la España de los primeros años del no era una élite, ni por prestigio social, ni por formación de sus integrantes, ni por los medios de los que disponía. Por el contrario, era una simple agencia de empleo para los vástagos de las clases medias bajas de provincias que les permitía asegurarse una nómina vitalicia.

En esta obra se ha demostrado que Franco ingresó en una organización poco eficaz y mal dotada en la primera década del siglo XX que servía fundamentalmente para proporcionar empleo a los varones de clase media baja en las provincias.

2.- En la academia de Infantería de Toledo no recibió una correcta educación para desarrollar su profesión, ya que los conocimientos teóricos tenían un peso mucho mayor que los prácticos. Esta era una característica común en los Ejércitos de Occidente, salvo tal vez el alemán.

En el primer capítulo se ha demostrado que Franco en la Academia de Infantería de Toledo recibió una educación deficiente que, unido a su pobre desempeño académica, no le prepararon para ejercer con eficacia la profesión militar.

3.- En Marruecos fue un militar atípico porque ascendió rápidamente al generalato por méritos de guerra a la edad de 33 años. Por un lado, esta fulgurante carrera le impidió adquirir las capacidades y experiencias propias de cada empleo militar. Por otro, le convirtió en un líder de hombres y un buen táctico al frente de pequeñas unidades de no más de 3.000 soldados. El resultado fundamental de esta doble dinámica fue el convencimiento de que las tácticas *africanistas* eran las únicas eficientes y válidas para un militar español.

En el segundo capítulo se ha demostrado que la experiencia marroquí le convirtió en el general más joven de Europa con solo 33 años. Esta fulgurante carrera fue acompañada de un proceso de aprendizaje y de un conjunto de experiencias que le convirtieron en un líder militar y en un táctico eficaz en el mando de unidades tipo batallón. Además, le convenció de que las enseñanzas de las campañas en este territorio debían ser la base sobre la que debía construirse la doctrina militar española.

4.- En la Academia General Militar de Zaragoza (AGM), donde actuó como director entre 1928 y 1931, quiso crear y enseñar una doctrina militar española basada en sus experiencias africanas y en una formación fundamentalmente práctica.

En el segundo capítulo se ha demostrado que la AGM fue un centro de enseñanza donde Franco formó oficiales "africanistas", con un importante bagaje práctico. Sin embargo, no tuvieron acceso a las teorías militares más modernas que se estaban elaborando en el periodo de entreguerras.

5.- Durante el periodo republicano, Franco ascendió a la cúspide del Ejército al ser nombrado primero jefe superior de las Fuerzas Militares de España en Marruecos y posteriormente jefe del EMC. Además, desarrolló su faceta de planificador al diseñar un proyecto de defensa para las Baleares y un programa para la modernización del Ejército español. Finalmente, coordinó las operaciones para derrotar a los revolucionarios asturianos en 1934. Esta suma de dinámicas le convencieron de dos hechos claves. El primero, que la doctrina militar *africanista* era aplicable al territorio español. La segunda, que tenía que liderar la conspiración contra el Gobierno del Frente Popular en la larga primavera de 1936. Aunque no consiguió su propósito, terminó uniéndose a este proyecto tardíamente.

En el tercer capítulo se ha demostrado que este periodo fue clave en la vida militar de Franco, no solo por el prestigio que adquirió en importantes sectores conservadores, sino por otras dos razones. La primera porque desarrolló una nueva faceta en su formación militar, la de planificador. La segunda porque recibió importantes mandos, especialmente la jefatura superior de las Fuerzas Militares de Marruecos y sobre todo el EMC, que le permitieron establecer relaciones que luego serían claves en la Guerra Civil, y le convirtieron en el primer general en activo del Ejército, al nivel de su gran rival Goded. Esta posición de fuerza fue la que le llevó a exigir la jefatura, tras Sanjurjo, de la conspiración en marcha en 1936. Su deseo no se cumplió, pero tardíamente se terminaría uniendo a esta conjura.

6.- En el periodo comprendido entre agosto y septiembre de 1936, como jefe del Ejército de Marruecos, realizó una guerra *africana* al frente de sus columnas, obteniendo un notable éxito operacional, aunque no conquistase Madrid porque prefirió levantar el asedio del Alcázar de Toledo. Estos triunfos, unidos a las muertes del teniente general Sanjurjo y del general de división Goded, al fracaso del de brigada Mola en su operación para tomar la capital en los primeros días de agosto y al apoyo de sus colegas monárquicos, facilitaron su elección como Generalísimo de los Ejércitos y Jefe del Estado Español el uno de octubre de 1936.

En el cuarto capítulo hemos demostrado que en estos meses, en un ejemplo de Arte Operacional a pequeña escala, Franco llevó sus columnas africanas hasta las puertas de Madrid tras una brillante campaña que culminó con el levantamiento del sitio del Alcázar de Toledo. Este éxito, unido a la muerte de Sanjurjo y Goded, a los errores de Mola y al apoyo de los generales monárquicos, le permitieron obtener el mando supremo político y militar de la Zona Sublevada.

7.- Entre octubre de 1936 y marzo de 1937, Franco se encontró con una guerra europea para la que no tenía tropas ni estaban preparados ni él ni sus mandos –tampoco sus enemigos republicanos– y con la presión añadida de un grupo de generales encabezados por Mola que no aceptaban su jefatura política. El resultado fue que en las diferentes operaciones para conquistar Madrid que se sucedieron en ese periodo mostraron todas sus carencias tácticas, estratégicas, operacionales y organizativas, producto de su formación exclusivamente *africanista*. Sin embargo, estos fracasos también le sirvieron como aprendizaje, reforzando su liderazgo militar.

En el quinto capítulo se ha demostrado que, en estos meses, Franco, como Generalísimo rebelde, se enfrentó a una guerra para la que no estaba preparado, manifestando sus carencias organizativas, tácticas, estratégicas y operacionales. No obstante, también reforzaron su liderazgo y le sirvieron de aprendizaje.

8.- Entre abril y octubre de 1937, permitió que se pusiera en marcha la campaña del Norte, que no solo terminó con una rotunda victoria rebelde, sino que le demostró que un conflicto europeo como la Guerra Civil debía librarse con unidades convencionales –divisiones orgánicas y cuerpos de ejército– y con una doctrina militar similar a la que se enseñaba en los países del continente. Además, durante este periodo murió Mola y se convirtió en jefe del partido único Falange Española Tradicionalista y de las Junta de Ofensiva Nacional Sindicalista, asegurando definitivamente su hegemonía en el campo rebelde.

En el quinto capítulo se ha demostrado que entre abril y octubre de 1937 se desarrolló la exitosa campaña del Norte que no solo le libró de su principal rival, Mola, sino que le convenció que estaba librando una contienda europea que debía ser librada con tácticas y unidades europeas, lo que implicaba crear y organizar un ejército de masas.

9.- Entre noviembre de 1937 y abril de 1938, y como consecuencia del ataque republicano a Teruel, Franco plasmó el aprendizaje que habían supuesto los meses anteriores en un ejemplo de arte operacional que le permitió dividir la Zona republicana en dos partes. Esta fue, sin duda, la campaña más brillante de la Guerra Civil y la demostración de que se había transformado en un buen general europeo.

En el quinto capítulo hemos demostrado que la campaña que terminó con la división de la Zona Republicana, reflejó los cambios que se habían operado en su pensamiento militar, demostrando una solvencia operacional y estratégica que le permitió derrotar completamente a las fuerzas republicanas en Aragón.

10.- Entre abril y julio de 1938, sin embargo, abandonó su "faceta europea" y se encomendó a la *Baraka* (Gracia Divina o suerte) africana, en una suerte de oportunismo estratégico, para prolongar innecesariamente la campaña de Valencia, que terminó en un sonoro fracaso.

En el quinto capítulo hemos demostrado que entre abril y julio de 1938 puso en marcha la Ofensiva de Valencia, justificable para culminar el proceso de división de la Zona Republicana e incluso para acortar el conflicto, pero donde volvió a fallar estratégica y operacionalmente, ya que estuvo mal planteada y fue alargada innecesariamente pensando que la Baraka le sonreiría de nuevo. El resultado fue que el Ejército Popular de la República recuperó la iniciativa estratégica.

11- Entre julio y octubre de 1938 tuvo que enfrentarse al contraataque republicano en el Ebro. Fue en esta batalla donde demostró sus verdaderas dotes como estratega al aceptar y librar hasta el final un combate de desgaste donde sus recursos eran mayores. Su objetivo era destrozar la moral y acabar con la capacidad de resistencia del Ejército Popular de la República, para acortar la guerra. Su éxito fue completo.

En el quinto capítulo hemos demostrado que en estos meses Franco libró hasta el triunfo final la batalla del Ebro. Este combate fue una nueva manifestación de la capacidad estratégica que parecía haber perdido en la Ofensiva de Valencia. El resultado fue una victoria total que destrozó definitivamente la moral del Ejército Popular y permitió acortar la guerra, imposibilitndo así que pudiera incardinarse en el conflicto europeo que se avecinaba.

12.- La campaña de Cataluña librada entre diciembre y febrero de 1939 fue una simple persecución de un enemigo en retirada, mientras que la ocupación del resto del territorio republicano se vio favorecido por los conflictos internos en este bando. El uno de abril finalizó la Guerra Civil.

Estas campañas fueron operaciones militares sencillas porque se plantearon contra un enemigo desmoralizado y derrotado. No obstante, y aunque la contienda estaba ganada, Franco aceleró los planes para la ocupación de Cataluña, con el objeto de acabar el conflicto antes de que su victoria pudiese complicarse por el estallido de una guerra europea.

13.- En el último capítulo de esta obra, hemos mostrado a Franco como un veterano y solvente observador de los conflictos bélicos que se sucedieron a lo largo de sus 36 años de dictadura, que interpreto en base a sus vivencias militares, pero también a su ideología anticomunistas. Tal vez el caso más destacado fue el de la Guerra del Vietnam, donde expuso con acierto las causas que imposibilitaban un triunfo completo norteamericano en este conflicto.

Durante su dictadura Franco actuó como un veterano y solvente observador militar de los diferentes conflictos que tuvieron lugar en este periodo, que interpretó en función de su gran experiencia bélica.

De estas trece tesis se deriva la siguiente conclusión: Francisco Franco fue un militar atípico por sus rápidos ascensos que se autoconstruyó a lo largo del periodo comprendido entre 1912 y 1939. Las bases fueron las enseñanzas adquiridas en Marruecos de sus mayores, su experiencia bélica en este territorio, los importantes mandos de los que disfrutó en el periodo republicano, y sobre todos sus éxitos y fracasos como Generalísimo en la Guerra Civil. El resultado final de esta dinámica fue un militar solvente, no brillante en ninguno de los cuatro aspectos que definen esta profesión, pero si con un fuerte liderazgo y una capacidad estratégica y operacional suficientes para vencer rotundamente en la Guerra Civil. Como escribió Lisa Lines: "admitir el éxito de Franco como líder militar no es aplaudir sus métodos o su legado".

BIBLIOGRAFÍA BÁSICA

Alonso Ibarra, Miguel y Ruiz Casero, Luis A. (2024). "El mito de la «guerra lenta». Revisitando un axioma historiográfico", *Historia Contemporánea*, 74, pp. 49-82.

Aznar, Manuel (1975): *Franco*, Madrid, Prensa Española.

Beevor, Antony (2005): *La Guerra Civil española*, Barcelona, Crítica.

Blanco Escolá, Carlos (2000): *La incompetencia militar de Franco*, Madrid: Alianza Editorial.

Blanco Escolá, Carlos (2003): *Vicente Rojo: El General que humilló a Franco*, Barcelona, Planeta.

Cabanellas, Guillermo (1977): *Cuatro generales*, Planeta, Barcelona.

Cardona, Gabriel (2006): *Historia militar de una guerra civil. Estrategias y tácticas de la guerra de España*, Barcelona, Flor del Viento

Casas de la Vega, Rafael (1995): *Franco, militar*, Madrid, Fénix.

Cazorla-Sánchez, Antonio y Corum, James S. (2005): "Franco's Military Strategy," en Kenneth W.

Estes y Daniel Kowalsky: *History in Dispute*, vol. 18: *The Spanish Civil War* Farmington Hills, St. James Press, pp. 66-73

Cierva, Ricardo de la (1982): *Francisco Franco. Biografía Histórica*, Barcelona, Planeta.

Cortada, James W. (2014): *La guerra moderna en España: informes del ejército de Estados Unidos sobre la Guerra Civil, 1936-1939*, Barcelona, RBA Editores.

Fontela Ballesta, Salvador (2019): *Franco, caudillo militar*, Madrid, La Esfera de los Libros.

Franco Bahamonde, Francisco (1976): *Diario de una Bandera*, Madrid, Doncel.

Franco Salgado-Araujo, Francisco (1976): *Mi vida junto a Franco*, Barcelona, Planeta

Fusi, Juan Pablo (1986): *Franco*, Barcelona, Círculo de Lectores.

Jensen, Geoffrey (2005): *Franco: Soldier, Commander, Dictator*, Washington: Potomac Books.

Herrero Pérez, José Vicente (2017): *The Spanish Military and Warfare from 1899 to the Civil War*

The Uncertain Path to Victory, London, Palgrave Macmillan.

Los militares españoles y la guerra desde 1899 hasta la Guerra Civil,

Kindelán, Alfredo (1982): *Mis cuadernos de la guerra*, Barcelona, Planeta

Martínez Bande, José Manuel (2019): *La lucha por la victoria: el mando y los ejércitos en la Guerra Civil*, Madrid, Almuzara.

Martínez Parrilla, Jaime (1988): *Las Fuerzas Armadas Francesas ante la Guerra Civil Española (1936-1939)*, Madrid, Servicio de Publicaciones del Estado Mayor del Ejército.

Mitcham, Samuel (1998): *The Rise of the Wehrmacht: The German Armed Forces and World War II*, Westport, Praeger Security International.

Paret, Peter (1992): *Creadores de la estrategia moderna: desde Maquiavelo a la era nuclear*, Madrid, Ministerio de Defensa.

Payne, Stanley G. y Palacios, Jesús (2020): *Franco: una biografía personal y política*, Barcelona, Planeta.

Pozuelo Escudero, Vicente (1980): *Los últimos 476 días de Franco*, Barcelona, Planeta.

Preston, Paul (1994): *Franco, Caudillo de España*, Barcelona: Grijalbo.

Puell de la Villa, Fernando (2007): *Atlas de la guerra civil española*, Madrid, Síntesis.

Rodrigo, Javier (2022): *Generalísimo: Las vidas de Francisco Franco, 1892-2020*, Barcelona, Galaxia Gutemberg.

Salas Larrazabal, Jesús (2006): *Historia del Ejército Popular de la República*, Madrid, La Esfera de los Libros.

Seidman, Michael (2003): *A ras de suelo. Historia social de la República durante la Guerra Civil*, Madrid, Alianza.

Seidman, Michael (2012): *La victoria nacional. La eficacia contrarrevolucionaria en la Guerra Civil*, Madrid, Alianza.

Suárez Fernández, Luis (2011): *Franco: Los Años Decisivos, 1931-1945*, Barcelona, Ariel

Torres García, Francisco (2022): *Franco: la hoja de servicios de un soldado*, Madrid, SND Editores.

Viñas, Ángel (2012): *La República en guerra. Contra Franco, Hitler, Mussolini y la hostilidad británica*, Barcelona, Crítica.

La 2ª edición de este libro se terminó de imprimir en junio de 2025